W0011558

hänssler

CHRISTA MEVES

Das ABC der Lebensberatung

Die Deutsche Bibliothek — CIP-Einheitsaufnahme

Meves, Christa:
Das ABC der Lebensberatung / Christa Meves. —
Neuhausen-Stuttgart : Hänssler, 1998
(Hänssler-Taschenbuch)
ISBN 3-7751-2939-1

hänssler-Taschenbuch
Bestell-Nr. 392.939
ISBN 3-7751-2939-1

Dieses Buch ist unter gleichem Titel 1992 im Brunnen Verlag,
Gießen, erschienen.

© Copyright dieser Ausgabe 1998 by Hänssler-Verlag,
Neuhausen-Stuttgart
Titelfoto: Mauritius
Umschlaggestaltung: Daniel Kocherscheidt
Satz: AbSatz Ewert-Mohr, Klein Nordende
Druck und Bindung: Ebner Ulm
Printed in Germany

Inhalt

Vorwort

Das vorliegende Buch hat eine lange Entstehungsgeschichte hinter sich. Wer in einem Beruf steht, der auf einer langjährigen, vorwiegend theoretischen Ausbildung fußt, muss in der Praxis im Überdenken der konkreten Erfahrungen zwangsläufig eine Auswahl des Gelernten treffen. Das Unbrauchbare wird ausgeschieden, das Anwendbare, Erfolge zeigende verstärkt, ausgebaut und vertieft. Darüber hinaus werden neue Verfahren nachgelernt und in der Praxis auf ihre Brauchbarkeit geprüft.

Auf diesem Weg ist mir mit wachsendem Unbehagen deutlich geworden, dass die Wissenschaften vom Menschen in den letzten Jahrzehnten einer Methodik den Vorzug gaben, die sich der Struktur ihres Gegenstandes, eben des Menschen, als immer weniger gemäß erwies, weil sie die Phänomene des Geistes zunehmend ausklammerte und allein das als Wissenschaft und damit als wissenswert lehrte, was sich mit einer ähnlichen Sicherheit beweisen lässt wie die Gesetze der Physik. Diese positivistische Einstellung vieler Universitätslehrer auf dem Feld der Pädagogik und der Psychologie bewirkte, dass diese beiden Wissenschaften als anwendbare Instrumente in der Praxis des Erziehungsalltags und der Psychotherapie immer unbrauchbarer wurden.

Wo auf dem Boden solcher Methodik im großen Stil Anwendung praktiziert wurde, erwies sich bald, wie wenig man den eigentlichen Notwendigkeiten für die gesunde seelische Entwicklung von Menschen und die Erziehung von Kindern gerecht wurde.

Die Natur und ihre Gesetze sind gewiss ein außerordentlich gewichtiger Teilbereich des Menschen. Unser Körper

und sein Werden, Funktionieren und Vergehen sind einge-
bunden in ebenso erfassbare wie unveränderliche biologi-
sche Ordnungen. Aber das eigentliche Wesen des Menschen ist damit nicht erfasst. Es wurzelt in der Liebe, in
einem Phänomen, das sich letztlich naturgesetzlicher Defi-
nition entzieht.

Die Ausschaltung einer geistigen Grundausrichtung in
den so genannten Humanwissenschaften hatte deshalb
bald eine geradezu skurrile Folge, die freilich mit Regelmä-
ßigkeit immer dort einsetzt, wo man unaufgebbare Voraussetzungen leugnet und kappt: In das Vakuum fließen ideo-
logische Konzepte ein.

Sowohl der Verhaltensforschung, dem Behaviorismus,
wie der Psychoanalyse und der Pädagogik geschah dies in
den siebziger Jahren durchaus folgerichtig: Sie wurden von
einer ideologisierten Soziologie auf dem Boden marxisti-
scher Gesellschaftskritik überlagert und mehr oder weniger
außer Kraft gesetzt. Hinter der so notwendigen und ehren-
werten Bemühung und Aufgabe des Menschen, »zu erfor-
schen, was die Welt im Innersten zusammenhält«, setzte
drängend ein manipulatorischer Trend zur Gesellschaftsveränderung ein und verdarb durch eine einseitige gesell-
schaftspolitische Absicht viel Bemühen um exakte, klare
wissenschaftliche Ergebnisse.

Von den achtziger Jahren an setzte — wohl als Gegenbe-
wegung gegen die fortschreitende Verkopfung — darüber
hinaus ein vielfältiges Experimentieren mit einer Fülle bunt-
schillernder alternativer Heilmethoden ein. Nicht immer
auf seriöser Basis wurden zahllose Ausbildungskurse für
Hilfswillige angeboten. Im Zusammenhang mit der New-
Age-Bewegung gründeten sich auch in diesem Umfeld eso-
terische Zirkel. Ein am Gewinn orientierter Psychomarkt

überschwemmte die Städte. Aber ebenso wie die erträumten Arbeiterparadiese von Lenin bis Castro keine Paradiese geworden sind, weil dort von einer erdachten Wunschvorstellung statt von der Wirklichkeit her Gesellschaftspolitik betrieben wurde, so entpuppt sich auch die Traumwelt der Esoterik nur allzu oft als eine wirklichkeitsferne Scheinwelt.

Dies brauchte uns nichts anzugehen, wenn nicht alles miteinander zusammenhinge: Der immer stärker falsch geleitete Mensch wird seelisch und geistig immer kränker.

Der Mensch ist nicht absolut machbar. Weicht er von seinen Grundvoraussetzungen, seinen Entfaltungsbedingungen, dem Plan, nach dem er entworfen ist, zu weit ab, so entstehen daraus im privaten wie im kollektiven Bereich zunächst psychisches Elend und später oft sogar existentieller Untergang.

Mahnend selbstkritisch sagt der Soziologe Friedrich Tenbruck zu Recht: »Man muss das Werk sehen, um die reale Gefahr zu ermessen, dass eine Kultur, wenn sie auf diese Wissenschaften hört, sich wie ein Lemmingzug selbst in den Abgrund stürzt.«

Wer Menschen in seelischen Schwierigkeiten helfen will, kann unmöglich in diesem Strom mitschwimmen. Durch die Anwendung von Ideologien würden die verstörten Seelen nur noch verstörter werden.

Wer in unserer Gegenwart ein hilfreicher Helfer sein will, muss sich gegen den Strom stemmen und flussaufwärts zu den Quellen zu streben versuchen.

Wir brauches so dringend wie nie zuvor eine Neubesinnung auf die Grundlagen und Voraussetzungen des Helfens in seelischen Schwierigkeiten, eine unkonventionelle Form seelischer Hilfe, die aus dem Geist der Liebe heraus die Begegnung mit Rat suchenden Menschen neu zu gestalten sucht. Liebe, als das für jedes menschenwürdige Leben unentbehrliche Geschenk Gottes, muss zunächst selbst empfangen werden. Wenn der freiwillige Entschluss des Helfens und diese demütige Bereitschaft die Grundvoraussetzung zum Heilen bilden, dann erst kann auch aller Sachverstand fruchtbar werden, dann erst kann Arbeit an Verdorbenem echtes Heil erwirken.

Das Eingeständnis der immer wieder verschleierten Erfolglosigkeit mancher schneller »Patent-Rezepte« der Psychologie erst kann ein neuer Anfang sein zu einer Kunst des Helfens, die sich bescheiden angewiesen weiß auf die Kraft, die der alleinige, unsichtbare Seelenarzt hinter all unserem Tun und Mühen verleiht.

Deshalb mag der Versuch gewagt sein, dieses kleine *ABC* als Hilfe im Grundsätzlichen all jenen an die Hand zu geben, die beruflich, ehrenamtlich oder privat von Menschen in seelischen Schwierigkeiten um Rat und Hilfe gebeten werden: den Psychotherapeuten und Psychologen ebenso wie den Ärzten, Pfarrern, Sozialarbeitern, Pädagogen und Helfern in sozialen Diensten, auch hellhörigen Eltern und Laienseelsorgern ohne Fachausbildung. Es wendet sich an alle, die nicht bereit sind, ihre Seele oder die anderer an das Schädliche und Unwirksame im Geist unserer Zeit zu verkaufen, sondern an jene, die Fehlentwicklungen Widerstand entgegensetzen wollen; denn: Nur tote Fische schwimmen *mit* dem Strom.

Das vorliegende Buch möchte ein bescheidener Anstoß sein zu dem Mut, auf dem Boden einer liebevollen Einstellung zu den Hilfesuchenden die kleinen Beobachtungen und Erfahrungen des Alltags mit einzubringen in ein hoffentlich allmählich wachsendes Konzept noch wirksamerer Begleitung von Menschen in seelischer Not.

Allerdings dürfen wir nicht meinen, auf diesem Gebiet ganz am Anfang eines unübertrefflichen Neuen und Wahren zu stehen. Wir sollten vielmehr das vorhandene bewährte Wissen psychologischer Weisheit aus der Vergangenheit in den großen Webteppich der Erfahrungshilfe füreinander einzuarbeiten versuchen. Dann haben wir einige Aussicht, dass aus einer solchen Symbiose erfolgreicher Dienst an Menschen werden kann.

Eins aber muss vor allem zur Kenntnis genommen werden: Der Webteppich des Heilens der Seele ist auf *unsichtbare* Kettfäden gespannt. Sie sind im Geistigen verankert. Diese unsichtbaren Kettfäden stellen unaufgebbare Voraussetzungen dar, ohne die alles noch so prachtvoll bunte, neue Erkenntnismaterial nicht verarbeitet werden kann. Sie sind ebenso unscheinbar wie unaufgebbar. Ich meine die innere Einstellung des Helfers und seine Beziehung zu dem Hilfesuchenden auf denen die vielen kleinen Handhabungen in der Praxis beruhen.

Diese Kettfäden, die Grundvoraussetzungen, sind zum Teil neu, die meisten davon aber sind uralt. Ihre Bedeutung wird im Metier des Heilens heute allzu oft unterschätzt, so dass viel Zeit, Kraft und Geld in unzulänglichen Bemühungen um Hilfe verloren geht — eben weil die unsichtbaren Voraussetzungen wissentlich oder unwissentlich missachtet wurden.

Damit mehr Freude an einem sinnvollen Helfen entsteht, damit mehr Menschen, die die Begabung, Kenntnisse und die Kraft zur Hilfe für andere Menschen haben, die kleinen, unscheinbaren Voraussetzungen zum Heilen nicht aus dem Auge verlieren, dazu möchte dieses *ABC* beitragen.

Uelzen, im Sommer 1998   *Christa Meves*

A

Anhören

Am Anfang aller Hilfe muss das Hören stehen, das Anhören zunächst im direkten Wortsinn. Der Hilfesuchende will doch dem Anderen seine Frage, seine Schwierigkeit, seine Not, seine Leiden mitteilen — jedenfalls für den, der aus eigenem Antrieb kommt, gilt das durchgängig, ganz gleich, ob er das weiß oder nicht, ob er das kann oder nicht. Freilich, ob er das dann schafft, ob das zerstrittene Ehepaar, ob schließlich sogar das Kind, das von den Eltern, der Jugendliche, der von der Schule, oder der einer Straftat verdächtige Heranwachsende, der vom Gericht geschickt wird, Zutrauen gewinnen kann und »auszupacken« beginnt — das hängt weitgehend davon ab, ob der Helfer für den anderen vertrauenswürdig wird.

Letzte Reserven an Misstrauen schwinden bei den Hilfesuchenden zwar oft erst nach langen Wochen, Monaten oder gar Jahren des Kennens; aber dass er überhaupt zu sprechen beginnen kann — diese Voraussetzung zu dem dann einsetzenden Vorgang des langen und geduldigen Zuhörens seines Gegenübers —, ist eine Sache des ersten Augenblicks der Begegnung. Es ist keine Sache des Alters, des Geschlechts, der Kleidung, der Gestalt, es ist vor allem eine Sache der inneren, vorher vollzogenen und nun bewusst gelebten Vorentscheidung des Helfers. Man kann nicht erwarten, dass ein Mensch sprechen kann, wenn man auf ihn zufährt wie ein Panzer mit gerichtetem Geschütz oder wie das Riesenholzpferd des Odysseus oder wie eine fliegende Untertasse mit einem überdimensionalen Teleobjektiv. Der andere hat Angst — ob berechtigt oder unberechtigt, ob neurotisch oder real, ist zunächst völlig gleichgültig. Es gilt, als erstes diese Angst abzubauen, statt sie künstlich zu verstärken.

Ich sage das so ausdrücklich, weil man diese sehr natürliche menschliche Grundgegebenheit im Psychologiebetrieb unter Umständen leider verlernen kann. Es gibt Helfer, die mit eisig unbeweglichem Gesicht, fest hinter einem Schreibtisch verbarrikadiert, allenfalls mit einer Geste den Ankömmling auf einen fernen Stuhl nötigen und ihm dann schweigend ins Gesicht starren. Dieser braucht nicht in irgendeiner Bedrängnis zu sein, um durch ein solches Verhalten des Gegenübers in Bedrängnis zu geraten. Schweigendes Ins-Gesicht-Starren ist eine Drohgebärde, auf die jeder normale Mensch aufgrund angeborenem Verhalten mit Angst reagiert.

Je länger ein solches Schweigen dauert, umso mehr steigt die Angst. Wenn der Helfer dann sogar noch durch umständliches Einschalten eines Aufnahmegerätes oder demonstratives Zurechtrücken eines Schreibblocks befiehlt: »Ich höre, sprechen Sie!«, so ist das die zielsicherste Methode, um das Mitteilungsbedürfnis des Ankömmlings nachhaltig zu blockieren. Das ist dann oft — trotz der mitgebrachten Vorschusslorbeeren bemühter Angehöriger oder Freunde über den »so erfahrenen Helfer« so leicht nicht wieder gut zu machen. Geschüttelt von angstvollem Widerwillen weigert er sich fortan, je wieder fremde Hilfe in Anspruch zu nehmen.

Aber selbst wenn der Hilfesuchende sich auf diese Weise nicht sofort kopfscheu machen lässt, so bleibt er dem Helfer gegenüber doch weiter unter Druck, wenn er ihn in der Erstbegegnung solcherart als abweisend erlebt. Die Begegnung wird nicht erlösend, befreiend, sondern sie setzt ihn in angstvolle Bedrängnis; und nur Menschen, die nicht in der Lage sind, durch ihre Erfahrungen umzulernen, können weiter behaupten, dass diese Gestimmtheit eine heilsame Wirkung hat. In Wirklichkeit ist sie ebenso unsinnig wie unwirksam. Sie erschwert den Einstieg in die gesuchte und notwendige Kommunikation, weil der Helfer auf diese Weise ein Verhalten an den Tag legt, wie es seit Urtagen der tut, der als Feind, als Aggressor in Erscheinung tritt. Schweigendes Anstarren von einer sicheren Warte her ist das allerungünstigste Verfahren, um Gemeinsamkeit zu ermöglichen. Begrüßungsgesten und Begrüßungsworte sind schließlich keine kleinbürgerlichen und überflüssigen Höflichkeiten, sondern uraltes Repertoire des Menschen, um die berechtigte Angst vor dem Eindringen eines Feindes abzubauen. Begrüßungszeremonien sind notwendige Versicherungen der Ungefährlichkeit, der Freundschaftlichkeit, der herzlichen, aufnahmebereiten Offenheit. Mitmenschliche Offenheit ist deshalb die Vorstufe des Anhörenkönnens. Wenn wir uns mit dem Verhalten der Abweisung panzern, werden wir über die Seele unseres Gegenübers nicht das Geringste, das in irgendeiner Weise von Belang ist, in Erfahrung bringen können.

Wer anhören will, muss sich als erstes die Mühe machen, hinter jeder möglichen Barrikade innerer und äußerer Vorbehalte hervorzutreten, und dem Ratsuchenden mit horchbereiter Offenheit begegnen. Dabei genügen Ohren und ein Tonbandgerät nicht — nein, es handelt sich zunächst um eine Einstellung des Helfers, die im Raum bereits atmosphärisch vorhanden sein muss, bevor der Hilfsbedürftige ihn betritt: Man muss vor der ersten Begegnung fest den Entschluss zur Brüderlichkeit gefasst haben, man muss sich vorher klargemacht haben, dass man vermutlich zwar mehr über die Seele weiß als der, der sich angemeldet hat, dass man zwar vielleicht älter und erfahrener ist, vielleicht auch zufriedener und anerkannter, dass man vielleicht eine bessere Ausbildung und einen Titel hat, dass man nach der Vorstellung über sich selbst weniger neurotisch und nicht unintelligent ist — aber man muss sich als Helfer einmal deutlich gemacht haben, dass das alles nicht ausreicht, um sich selbst für wertvoll und den anderen für weniger wert zu halten. Es ist wichtig, sich zu vergegenwärtigen, dass wir grundsätzlich weder befähigt noch befugt sind, letzte Urteile über den Lebenswert von Menschen, ja nicht einmal über uns selbst zu fällen.

Es ist wichtig, sich bewusst zu machen: Dieser jetzt eintretende Mensch ist einer, der wie ich in dieser Zeit lebt, wie ich mit Begabungen und Schwächen versehen ist, dazu einer, der mich aufsucht; einer, der etwas Positives von mir erwartet, der Hoffnungen an meine Hilfe geknüpft hat. Es kann nicht wünschenswert sein, diese Hoffnung durch eine mehr oder weniger künstlich andressierte Reserviertheit zu schwächen, statt in natürlicher Offenheit an den Eintretenden heranzugehen.

Die dargebotene Hand ist kein Nonsens, sondern ein Urkennzeichen dafür, dass sich in dieser Hand kein Stein befindet, um das Gegenüber totzuschlagen. Das freundliche Lächeln, das Grußwort, die Aufforderung zum Platznehmen sind Kennzeichen einer Einstellung, die der Hilfesuchende noch viel nötiger braucht als irgendein beliebiger

Gast. Nicht unwichtig ist es deshalb auch, den Patienten bereits bei der ersten direkten Begegnung mit seinem Namen anzusprechen und nicht erst danach zu fragen. Der moderne Mensch fürchtet sich berechtigterweise davor, als Nummer behandelt zu werden. Das Aussprechen des Namens schafft deshalb eine Atmosphäre persönlicher Vertrautheit.

Es schadet dem Fortgang des Anhörens auch nicht, ja, es dient ihm sogar, wenn der Helfer zunächst einige weitere Vertrauen erweckende Worte spricht. Daher erweist es sich im Allgemeinen als gut, wenn diese nicht zu direkt das Problem ansprechen, auch wenn dieses dem Helfer schon bekannt sein sollte. Gesprächsanfänge nach dem Motto: »Ach ja, meine Helferin sagte es schon: Sie können mit dem Ehebruch Ihres Mannes nicht fertig werden« oder: »So, da sind Sie, Doktor S. hat mich bereits angerufen; Sie haben also einen Selbstmordversuch gemacht« oder: »Ach, Sie waren das also, der die vielen Scheunen angezündet hat!« sind Sätze, die auch in der allergrößten Zeitnot nicht aus unserem Mund kommen sollten. Ein solches Verhalten kommt einer unfreiwilligen Entblößung des Anderen gleich; sie beschämt den Menschen und entwürdigt ihn. Das bewirkt, dass ihm nichts anderes übrig bleibt, als die schon ausgestreckten Seelenfühler wieder ins Schneckenhaus zurück zu ziehen.

Gekünstelte Allgemeinplätze sind freilich Zeitverschwendung und wirken eher befremdlich. Das Wetter darf als Inhalt des Gesprächsbeginns fehlen. Am besten sind vielmehr Bemerkungen, die schon einen Bezug zur Person haben, ohne das eigentliche Thema zu berühren. Fragen, ob man eine gute Fahrt gehabt habe, ob man den Verabredungsort leicht gefunden habe, ob es schwer gewesen sei, sich frei zu nehmen, sind besser geeignet, die Angstbarriere so zart anzustupsen, dass der Andere sie selbst mit einem inneren Seufzer der Erleichterung aus dem Weg schaffen kann. Im Allgemeinen kann der Ratsuchende dann von sich aus mit dem eigentlichen Anliegen beginnen. Denn das, was zu sagen wäre, hat er sich meist in vielen schlaflosen Nachtstunden zurechtgelegt.

Wenn dieses Stadium erreicht ist, sollte es nach Möglichkeit über eine beträchtliche Zeit keine Unterbrechung geben. Es ist deshalb besser, wenn der Helfer nicht gleichzeitig Telefondienst hat. Das Direkttelefon sollte vielmehr nicht im Gesprächsraum untergebracht sein, und man sollte sich nur aus äußerst wichtigen Anlässen ausnahmsweise abrufen lassen. Das Gespräch sollte jedenfalls so störungsfrei wie möglich vor sich gehen können, und die Redebereitschaft sollte allenfalls unterbrochen werden, wenn die verabredete Zeit sich dem Ende nähert.

Ein solches Zuhören sollte andererseits, selbst wenn der Hilfesuchende ohne Stockung erzählt, nicht in völligem Schweigen aufgenommen werden. Um das Vertrauen zu festigen, braucht der sich Aussprechende die Reaktion des Gegenübers. Er braucht nicht nur in der ersten Begegnung, sondern grundsätzlich beim Zuhören die kleinen Beweise, dass der Helfer auch wirklich bei der Sache ist, dass er mitdenkt, mitfühlt, dass er innerlich beteiligt ist. Mimik, Gestik, winzige Lautäußerungen, eine kurze Zwischenfrage, um den geschilderten Sachverhalt genauer zu erfassen, nehmen dem sich Mitteilenden die Qual der Ungewissheit darüber, ob die Beichte gnädig aufgenommen wird, und beheben die Zweifel, ob der andere sie vielleicht mit stummen Vorbehalten oder gar mit zurückweisendem Verwerfen quittiert. Wenn der Suchende den Eindruck hat, von

18

dem Helfer nicht angenommen zu werden, wird alles Zuhören zur sinnlosen Zeitverschwendung.

Der Bedürftige muss als erstes und grundsätzlich den Eindruck gewinnen, dass er hier auf eine Person stößt, die ihn versteht, die die Überwindung des Suchenden, sich zu einem solchen Schritt zu entschließen, als Leistung begreift, so dass das Vertrauen gerechtfertigt, das Eingeständnis der Hilfsbedürftigkeit sinnvoll erscheint. Dieses erste vorbehaltlose Anhören ist unbedingt nötig, selbst dann, wenn der Suchende haarsträubende Dinge über sich erzählt und auch, wenn er berichtet, wie schlimm seine Umwelt und wie engelhaft er selbst sei, auch wenn er übertrieben klagt, wenn er laut und verzweifelt weint, ja selbst wenn er die Schwierigkeiten bagatellisiert und zunächst um den heißen Brei herumredet.

Von manchen Fachleuten wird eine solche wohlwollende grundsätzliche Freundlichkeit als unzulässig angesehen. Sie halten einen unterkühlten Abstand für unumgänglich, um den analytischen Prozess in Gang zu setzen, sie fürchten eine emotionale Verflechtung zwischen dem Helfer und dem von ihm Betreuten, die der Heilung abträglich sein könnte, und gewiss gibt es hier auch Grenzen, die der fachgerechten Einhaltung bedürfen (es soll später noch ausführlich davon die Rede sein). Aber es lässt sich erfahren: Diese Einstellung zur Grundregel eines jeden Beratungsgesprächs, einer jeden Anfangssituation zu machen, bewirkt mehr Schaden als Nutzen. Viele Hilfesuchende brechen nach einer, nach zwei oder wenig mehr Stunden tief enttäuscht den Kontakt ab, zu dem sie sich durchgerungen hatten. Und sie sagen oder schreiben dann: »Ich bekam Steine statt Brot.« — »Der Helfer ließ mich am ausgestreckten Arm seelisch verhungern.« — »Er reichte mir auch nicht den kleinsten Strohhalm der Hilfe.« — »Er hat niemals auch nur ein einziges Wort mit mir gesprochen, ich wusste gar nicht, ob er überhaupt sprechen konnte.« — »Er ließ mich ratloser, angstvoller und verwirrter zurück, als ich gekommen war.« — »Die Rechnung war hoch, aber der Erfolg gleich null.« — »Ich schwieg fünfunddreißig Stunden lang — zum Schluss konnte ich nicht nur dort, sondern auch mit niemandem sonst mehr sprechen.« — Die zahlreichen Aussagen dieser Art dürfen von unserer Zunft nicht achselzuckend als Zeichen von neurotischer Therapieresistenz der Patienten abgetan werden, sondern sie sollten selbstkritisch dazu dienen, die Wirksamkeit eines übertriebenen Abstandes als Methode des Verfahrens ernsthaft und nachhaltig zu überprüfen.

Erste ermutigende Schritte zu einer Selbstkritik dieser Art leitete der langjährige Ordinarius auf dem Lehrstuhl für Psychologie der Universität Hamburg, Professor R. Hofstätter, ein. Er schrieb: »Seit der Mitte der sechziger Jahre mehren sich in der Therapieforschung die Hinweise darauf, dass Laienhelfer — Hausfrauen zum Beispiel ohne akademische Ausbildung oder Rentner oder ehemalige Patienten oder auch Studenten der Anfangssemester — als Therapeuten nicht nur ebenso gute, sondern im Schnitt sogar bessere Erfolge erzielen als akademisch gebildete Fachkräfte ...«

Ich bin davon überzeugt, dass dieses ebenso beschämende wie erschütternde Ergebnis viel mit der menschlichen Umgangsform zwischen Laienhelfern und Hilfesuchenden zu tun hat. Die Schweigsamkeit des Betreuers aus Prinzip und als Einstieg zum Kontakt hat sich als ungeeignet erwiesen. Viel wichtiger ist es, dass der Suchende den Helfer als einen vorurteilslosen, unvoreingenommenen, freundlichen Mit-Menschen erlebt, als einen, der nicht nur mit dem Sinnesorgan Ohr, sondern mit der ganzen weit offenen Seele zuzuhören bereit ist und sich die Zeit nimmt, den Anderen wirklich anzuhören, als einen, der kein Stein, kein Stück Holz und keine leere Wand ist, sondern der darum weiß, wie verzweifelt man sein kann, wie hilflos, wie verloren. Erst ein Anhören dieser Art vermittelt dem Suchenden die ermutigende Erkenntnis, nun einen Mitwisser zu haben, nun an einen Menschen geraten zu sein, der das ganze Elend versteht. Darüber hinaus kann die zusätzliche Versicherung der Verschwiegenheit jenen Bund bekräftigen, der den Grund für alle wirksame gemeinsame Arbeit legt. Wenn der Suchende in den ersten Begegnungen nicht diese Eindrücke gewonnen hat, dann gibt es keinen Ansatz dafür, dass ihm das zuteil wird, wonach sich seine Seele bewusst oder unbewusst sehnt.

B

Bergen

Wer A sagt, muss auch B sagen. Das Bergen im kleinen Helferalphabet hat sich übergangslos der Haltung der seelischen Hellhörigkeit anzuschließen. Der Hilfsbedürftige muss in den ersten Begegnungen nicht nur das Gefühl haben, dass ihm jemand zuhört, der sich in die Situation seines Gegenübers einzufühlen sucht, sondern der auch dem Neuankömmling die Gewissheit vermittelt, hier aus einer Not, aus der Unruhe, aus der Einsamkeit einer Sackgassensituation, aus Verwirrtheit und Bedrohtheit in eine Herberge geraten zu sein. Es ist nötig, durch diese innere Haltung dem Hilfsbedürftigen die Vorstellung zu vermitteln, dass er hier zur Ruhe kommen kann.

Gewiss kann es nicht das Ziel einer erfolgreichen Heilung sein, den Menschen in einen bequemen Zustand der Inaktivität, einer beschwichtigenden Scheinzufriedenheit hineinzunötigen. (Von Gefahren dieser Art wird später noch die Rede sein.) Das ist hier nicht gemeint. Aber der erste Schritt zu dem Ziel, durch eine psychische Aktivierung den Lebensmut, die Bereitschaft zur Veränderung und die Selbstverantwortung des Anderen zu stärken, besteht nun einmal zunächst darin, dass er aus seiner momentanen Ausweglosigkeit herausfindet.

Dazu ist es nötig, dass der Helfer nicht nur Schutzfähigkeit und souverän kompetente Festigkeit ausstrahlt, sondern auch, dass er sich weder für zu fein noch für zu fachgebildet hält, der heimatlosen Seele zunächst und vorübergehend Obdach zu gewähren.

Mir hat in meiner praktischen Arbeit deshalb die biblische Darstellung des Samariters mehr Vorbild sein können als manche Fachvorschrift peinlich korrekter Zurückhaltung. Es ist eine Voraussetzung zum Heilwerden, dass dem Hilflosen zunächst einmal die Wunden, auch die seelischen Wunden, verbunden werden und die Herberge im wahrsten Sinne des Wortes angesteuert wird — nicht damit sie zur Dauerpension werde, sondern zu einem befristeten Schutzraum für die Seele, bis der Status der totalen Hilflosigkeit überwunden ist.

Ich sehe jetzt freilich manchen Kollegen mit einer gewissen Berechtigung die Hände über dem Kopf zusammenschlagen. Gewiss, es ist nötig zu wissen, dass es eine so genannte »neurotische Helferhaltung« gibt. Sie besteht darin, dass der Hilfeleistende unbewusst die Abhängigkeit des Hilflosen von ihm anstrebt mit dem heimlichen, ihm selbst unbekannten Wunsch, dass der Abhängiggemachte sein eigenes ungesättigtes Bedürfnis nach Zuwendung erfüllen wird. Sicher ist es nötig, dass der Helfer sich solcher eventuell vorhandenen Wünsche bewusst ist und seine eigenen Bedürfnisse in der Wirklichkeit seines Privatlebens und nicht auf Kosten eines hilflosen Patienten zu erfüllen sucht. Aber durch solche Vorbehalte darf die elementare, spontane und notwendige Bereitschaft des Helfers, dem Hilflosen vorübergehend Schutz und Geborgenheit zu gewähren, nicht verloren gehen.

Jedem körperlich Kranken ermöglichen wir — oft vielleicht im Übermaß — den Schonraum zum Ausheilen seines Leidens; nur dem seelisch Angeschlagenen muten wir sofort zu, sich hinkend und barfüßig auf den steinigen Bergpfad zur Reife zu begeben. Ein Verfahren dieser Art ist für viele, die uns aufsuchen, so unangemessen, dass ihnen gar nichts anderes übrig bleibt als zu resignieren — und dann ist ihre Lage im Grund verzweifelter, als hätten sie es niemals versucht, einen anderen um Rat und Hilfe zu bitten.

Es gehört zu unseren elementaren Aufgaben, wenigstens ein Obdach im Rang des Stalls von Bethlehem zu bieten. Vermutlich ist eine solche »Notunterkunft« für die Seele sogar im Hinblick auf den positiven Fortgang des Heilungsprozesses besser als die Einbettung in das Gratisluxushotel einer sozialen Einrichtung, da es zum Wesen des Menschen gehört, die eigene Bemühung einzustellen, wenn die Umwelt es ihm allzu leicht macht. Aber gewissermaßen eine Art Seelenstall, eine Notherberge sollte es im Herzen des Helfers immerhin geben. Damit ist natürlich nicht die Erlaubnis zum Übernachten im Gartenhaus gemeint, sondern die Ausstrahlung einer festen Zuversicht, das *geistige* Dach eines wissenden und erfahrenen Helfers, der für den Hilfsbedürftigen zu Recht hoffen kann, dass die dunklen Tage im Notquartier der Seele eines Tages vorüber sein werden.

Es ist weder nötig noch wünschenswert, dass zu diesem Zweck verbale Heilungsgarantien gegeben werden, sondern lediglich dass die Schutzbereitschaft des Helfers spürbar vorhanden ist und der Bedürftige sich angenommen fühlt. Das kann manchmal auch durch winzige Äußerungen geschehen, die den Fragenden wissen lassen, dass der Helfer seine Beschwerden und Nöte kennt, dass er in der Lage ist, sie einzuordnen und dem Hilfsbedürftigen, der sich selbst absolut nicht versteht, verstehbar zu machen.

Allein dieses gelegentliche Aufscheinen von sachverständigem Optimismus kann auf den Suchenden eine geradezu erlösende, eben weil bergende Wirkung haben.

Zu einer solchen Bergung gehört freilich auch, dass der Ratsuchende sich nicht willkürlich in irgendeine Schublade eines so oder so »typischen« pathologischen Verhaltens gepackt erlebt oder spürt, dass man ihn in eine nicht ganz maßgeschneiderte Schablone zu pressen sucht. Er muss vielmehr merken, dass der Helfer sich ohne jede Vorurteile in den Anderen hineinzufühlen versucht — in der berechtigten Vorstellung, dass jeder einzelne Mensch ein einmaliges, unwiederholbares Geschöpf ist und dass es zwar, genau wie bei den körperlichen Krankheiten, Leiden gibt, die beschreibbare typische Kennzeichen aufweisen, dass aber jedes einzelne Individuum auf die gleiche Krankheit mit individuellen Variationen reagiert, die auch den Sachverständigsten überraschen können.

Die Nonchalance eines Routiniers, der täglich die gleichen Sachverhalte bearbeitet und erledigt, sollte es beim Helfer auch nach jahrzehntelangem Dienst nicht geben. Er muss immer aufmerksam bleiben für das noch nie Dagewesene, für den noch nie so gesehenen oder noch nie so in Erscheinung getretenen Fall.

Die Bergung kommt also einerseits durch Sachverstand und Liebe zustande, andererseits durch die Bereitschaft, den Ankömmling als einen Menschen mit einem unwiederholbaren Schicksal anzunehmen. Erst diese beiden für den Patienten notwendigen Therapeutenhaltungen können ihm vorübergehend eine Bergung schenken, die er als Voraussetzung braucht, um den Mut zu finden, trotz seiner Schwäche hoffnungs- und vertrauensvoll aktiv mit dem Helfer zusammenzuarbeiten.

C

Chancen wahrnehmen

Wenn man mehr als dreißig Jahre lang fast täglich in einem Helferdienst für Menschen in seelischer Not gestanden hat, wächst die Sehnsucht, die Stafette in die Hand junger hilfswilliger Kräfte weiterzugeben. Mittlerweile ist in unserer Republik ein umfangreiches Netz sozialer Betreuung aufgebaut worden. Dennoch mache ich täglich die mich bedrängende Erfahrung, dass die vorhandenen Hilfsmöglichkeiten offenbar nicht ausreichen. Aus allen Teilen unseres Landes werden immer wieder Notrufe an mich herangetragen: »Unser hiesiges psychotherapeutisches Institut hat eine Wartezeit von zwei Jahren«, heißt es da, oder: »Ich war schon bei mehreren Psychologen, aber sie versuchten mir als erstes einmal meinen christlichen Glauben auszureden.«

»In der Eheberatungsstelle wurde mir der dringende Rat gegeben, mich von meinem Mann scheiden zu lassen. Aber gerade das will ich auf gar keinen Fall.«

»Mein Problem kann ich nur mit einer älteren Frau besprechen. Aber die finde ich hier nicht.«

»Als ich mit meiner Fragestellung einen Psychotherapeuten aufsuchte, stellte er zuerst ein Tonbandgerät an und erklärte mir, dass später ein Ausbildungskandidat hinzukommen würde. Da habe ich mich bald verabschiedet. Mein Konflikt braucht eine absolut verschwiegene Zweisamkeit.«

Das sind nur einige der Begründungen, mit denen Menschen bei mir um einen Gesprächstermin bitten.

Aus diesen Gegebenheiten lässt sich der Schluss ziehen, dass auch in Zukunft nicht damit zu rechnen ist, dass für Hilfswilligkeit kein Arbeitsfeld mehr vorhanden sein könnte — im Gegenteil! Die Zahl der seelisch Hilfsbedürftigen in unserer Bevölkerung ist so riesengroß, dass immer noch ein enormer Bedarf an Helfern besteht. Jeder, der hier Gaben hat, kann Möglichkeiten finden, diese Gaben einzusetzen, sei es als Fachmann, als Fortgebildeter mit einer Zusatzausbildung, ja, auch immer wieder als »blutiger Laie« allein kraft seiner eigenen Lebenserfahrung und seiner Liebe und Aufgeschlossenheit für den Anderen.

Für diejenigen, die nach Wegen suchen, in diesem Bereich tätig zu werden, sollen im Folgenden einige konkrete Wege aufgezeigt werden. Die Realisierungsmöglichkeiten sind vielfältig, teilweise auch begrenzt. Was für den Einzelnen möglich und richtig ist, muss sich aus der individuellen Situation des Hilfswilligen ergeben.

Viele Schüler und Schülerinnen, Abiturienten und Abiturientinnen fragen mich um Rat, wie sie ihr soziales Interesse, ihre Begabung zu geduldigem Zuhören und ihr manchmal schon in ehrenamtlichen Helferdiensten erprobtes Engagement durch eine Berufsausbildung untermauern können. Auch bereits in dieser Frage muss hellhörig differenziert werden. Der Berufsberater und der junge Mensch, der sich nach dem Ausbildungsgang in einem solchen Beruf erkundigt, müssen gemeinsam der Frage nachgehen, ob die Motivation zu dieser Berufswahl nicht vielleicht darauf beruht, dass man eine eigene Schwierigkeit, etwas nicht Verstehbares im eigenen Verhalten spürt und die oft gar nicht bewusste Hoffnung hat, durch eine psychologische Ausbildung das eigene Problem bereinigen zu können. Manchmal besteht auch der heimliche Wunsch, ein eigenes Defizit, einen eigenen Mangel an Geborgenheit durch die erhoffte Zuwendung der Hilfsbedürftigen zum Helfer aufzufüllen. In solchen Fällen ist es wesentlich besser, zunächst einer Lösung der eigenen Probleme Vorrang zu geben und sie nicht mit einer echten sozialen Begabung zu verwechseln.

Echte soziale Begabung setzt Einfühlsamkeit, Geduld, Tragfähigkeit, Optimismus und ein starkes, liebevolles Herz voraus. Meine Erfahrung in der Berufsberatung hat mich lehren können, dass diese Eignung sehr viel häufiger bei Angehörigen des weiblichen Geschlechts zu finden ist als beim männlichen. Soziale Berufe sind deshalb nicht zufällig mehrheitlich weibliche Berufe.

Aber selbst wenn sich herausstellt, dass die notwendigen Voraussetzungen für die Wahl eines Helferberufes gegeben sind, bedarf es weiterer individueller Differenzierungen, bevor man sich für einen bestimmten beruflichen Weg entscheidet. Nicht für jede Abiturientin ist das psychologische Studium die ideale Möglichkeit, den Wunsch nach einem sozialen Beruf zu verwirklichen. Dieses Studium ist lang und sehr abstrakt. Es erfordert besonders in den ersten Semestern bis zum Vordiplom viele Umwege über naturwissenschaftlich-mathematische Teilbereiche (Statistik!). Wenn nach einer mindestens sechsjährigen Ausbildungszeit das Diplom geschafft ist, hat das nicht mehr Wert als das zweite Staatsexamen für den Mediziner. Jetzt bedarf es noch einer mehrjährigen Zusatzausbildung, um wirklich ein Könner zu werden. Auch mit höchstem Fleiß ist dieses Ziel erst im vierten Lebensjahrzehnt erreichbar.

Es ist besonders für junge Frauen sehr wichtig, sich der Frage zu stellen, ob dieser Ausbildungsgang für sie geeignet ist. Ist in ihrem Wunsch, z. B. Kinderpsychologin zu werden, nicht eventuell auch der nach der eigenen Familie enthalten, und ist ein so langer Ausbildungsgang dafür nicht sogar hinderlich? Viele Akademikerinnen heute verpassen durch zu lange Ausbildung geradezu die Zeit zur Familiengründung. Auf gar keinen Fall sollte man allein aus Prestigegründen (z. B. um eine Universität besucht zu haben) einen vollakademischen Bildungsgang einschlagen.

Bei einer ausgesprochen wissenschaftlichen Begabung und großer Lernfreudigkeit kann es empfehlenswert sein, den Beruf des Psychotherapeuten eher über das Medizinstudium anzustreben. Das gründliche Wissen über den menschlichen Körper, die in kürzerer Zeit erreichbare Promotion und die sichere Möglichkeit, nach einer für Mediziner verkürzten Zusatzausbildung zu den Kassen zugelassen zu werden, machen diesen freilich auch sehr langen Ausbildungsweg zur Zeit zu einer geeigneteren Grundlage für einen Lebensberuf.

Glücklicherweise hält unser Ausbildungswesen viele weitere Möglichkeiten zum Einstieg in soziale Berufe parat. Die Fachschulen für Sozialarbeit führen zu Ausbildungen, die Möglichkeiten einer späteren Spezialisierung offenhalten. So ist von hier aus z. B. die Ausbildung zum analytischen Psychotherapeuten für Kinder und Jugendliche möglich. Auch über die akademischen pädagogischen Berufe wie Grundschul- und Sonderschullehrer lässt sich dieser Beruf erreichen. Die Heilpädagogik hat neuerdings eine breite akademische Differenzierung erfahren. Der Beruf des Erziehers, des Physiotherapeuten, der Arzthelferin, des Heilpraktikers, des Altenpflegers, der Krankenschwester und des Krankenpflegers bieten heute vielfältige Möglich-keiten, sozialer Begabung zur Verwirklichung zu verhelfen. Nicht zu vergessen sind hier auch die Ausbildungen zu kirchlichen Diensten: zum Pfarrer und zu hauptamtlichen Diensten in der Gemeinde. Jedenfalls stellen auch diese kirchlichen Dienste ohne einen starken Antrieb zur Aufge-schlossenheit für den Nächsten keine wirklich befriedi-gende Berufswahl dar.

Die Frage, wie eine Helferbegabung verwirklicht wer-den kann, stellt sich freilich keineswegs nur für junge Men-schen. Wie oft begegnen mir ältere Frauen, die eine solche Begabung in der Familienphase mit Erfolg und Befriedi-gung praktiziert und dabei vielfältige Erfahrungen gesam-melt haben. Besonders diese Gruppe drängt es zu umfäng-lichen Verwirklichungsmöglichkeiten, wenn die Kinder selbstständiger geworden sind. In solchen Fällen ist es leich-ter, den Einstieg zu finden, wenn bereits eine Grundaus-bildung entsprechender Art als Basis vorliegt. Aber auch ohne sie gibt es Ausbildungsmöglichkeiten: z. B. zur Ehe- und Familienberaterin — vor allem über das Diakonische Werk und die Caritas. Volkshochschulen bieten Pro-gramme zur Weiterbildung, ja zur Erlangung von Zerti-fikaten zum Einstieg in ein späteres Studium an. Es ist erstaunlich, wie viele Möglichkeiten dem strebsamen, ziel-gerecht bemühten, lernfähigen Menschen unserer Tage hier nahezu ohne Altersbegrenzung erschlossen worden sind. Aber auch Menschen, denen trotz all unserer modernen Mobilität aufgrund ihrer häuslichen Situation Spätaus-bildungen nicht mehr möglich sind, brauchen ihr Pfund gewiss nicht zu vergraben! Helferdienste sind gefragt — in den Gemeinden ebenso wie beim Roten Kreuz. Für Kran-kenbesuche, Altenbetreuung, Bahnhofsmission, Kinderbetreuung werden viele Hände und Herzen gebraucht — Möglichkeiten genug zur Verwirklichung eines hilfsbereiten Liebens!

Wie viele gestresste junge Mütter nehmen dankbar die Betreuungsdienste einer »adoptierten« Großmutter in Anspruch, und wieviel befriedigende Freude kann aus einem solchen »Job« entstehen! Ich kenne auch einige ältere Frauen, die keinerlei Berufsausbildung haben und die dennoch Anlaufstelle sind für Menschen in Not aus ihrem Umkreis — einfach, weil es sich herumgesprochen hat, dass hier ein großherziger, weiser Mensch einfühlsamen Rat zu geben weiß. Und oft gilt schließlich auch dies: Dass eine Mutter mit einer großen, durch Schwiegerkinder und Enkel erweiterten Familie auch im Alter sinnvoll eingespannt bleibt in familiäre Helferdienste, dass sie auch dadurch mit ihrer Begabung der Einfühlung in andere bis an ihr Lebensende ausgefüllt ist. Ja, das kann u. U. die wertvollste und tiefste Verwirklichung ihrer zentralen Begabung sein! Christliche Einstellung und die Erfahrung damit können lehren, dass nicht die Höhe des materiellen Verdienstes und nicht das Prestige Garanten für echte Befriedigung sind. Die gelebte Liebe in einem helfenden Dienst am Mitmenschen ist gottgefällige Erfüllung menschlichen Lebenssinns.

D

Denkanstöße anbieten

Der Ratsuchende ist in der Mehrzahl der Fälle gleichzeitig ein Ratloser. Verzweifelt haben er und seine Angehörigen sich gefragt: Warum dieses unverständliche Verhalten? Warum z. B. bin ich als junge Frau fast automatisch gegen Männer erst einmal abweisend? Warum muss ich mich sofort in den Mittelpunkt stellen, kaum dass einige Leute versammelt sind? Warum kann ich nicht davon lassen, im Supermarkt eine Kleinigkeit unbezahlt mitzunehmen? Warum muss ich immer das letzte Wort haben? Warum kann ich trotz großer Müdigkeit abends nicht ins Bett finden?

Fragen dieser Art werden von Ratsuchenden auch im Hinblick auf ihre Angehörigen gestellt. Immer wiederkehrende, nicht der Realität angepasste, nicht der Situation entsprechende Verhaltensweisen schaffen Probleme, sind auch durch Gespräche nicht aus der Welt zu schaffen, bleiben unverstanden und daher unheimlich. Rat suchende Angehörige suchen deshalb vor allem nach Hilfe zum Verstehen und zum verbessernden Umgang mit den Schwierigkeiten. Laienhelfer stoßen mit ihrer Bereitschaft zum Zuhören und Raten hier bald an eine Grenze; denn sie spüren, dass hier tiefer in die Seele des Betroffenen hineingehorcht werden muss, dass hier mehr Ausbildung nötig ist, um Licht in das nicht verstehbare Dunkel zu bringen, um gezielte Umgangsweisen mit den Schwierigkeiten zu ermöglichen. Für Laien muss der Rat in vielen Fällen darin bestehen, die Adresse eines Fachmanns, eines Psychiaters, eines Psychotherapeuten zu vermitteln, mit dem bereits gute Erfahrungen vorliegen.

Freilich ergibt sich dann sehr häufig, dass man von Rat suchenden Angehörigen die verzweifelte Aussage zu hören bekommt: »Ja, das meine ich auch — aber sie hält sich nicht für behandlungsbedürftig.« Oder: »Von Dr. X hat er einen so negativen Eindruck gewonnen, dass er nicht zu bewegen ist, noch einen anderen Therapeuten aufzusuchen.«

In solchen ausweglos erscheinenden Fällen, die heute außerordentlich häufig sind, ist es sinnvoll, dem Beeinträchtigten und seinen Angehörigen Hilfen durch Denkanstöße über psychologische Fachbücher zu vermitteln. Es ist schon erleichternd, wenn man bisher unverständliche »Macken« als typische Bestandteile bestimmter Charakterneurosen selbst diagnostizieren kann. Sie verlieren dann das Unheimliche, das Nicht-Greifbare. Und das ist ein wesentlicher erster Schritt zum besseren Umgang damit.[1]

Manchmal ist es sinnvoll, wenn ein Angehöriger ein solches Buch einfach nur »herumliegen« lässt, oder auch Passagen daraus vorliest und kommentiert, um einen sehr Abwehrenden zum eigenen Lesen zu verlocken. Es sollten natürlich nicht gerade solche Stellen sein, die eine Sache ansprechen, die dem Betroffenen zur Not wurde, sondern eher eine Passage, die zur Erkenntnis über eine eigene Schwäche geführt hat. Holzhammermethoden oder ein Vorlesen im Vorwurfston sind absolut ungeeignet, den Widerstand eines verhaltensschwierigen Menschen zu überwinden.

Einfacher ist es für Laienhelfer, einen Weg zu weisen, wenn ein Ratsuchender den Mut hat, ihm seine Schwierigkeiten mit sich selbst direkt anzuvertrauen. Hat der Laie über Bücher nur ein wenig Wissen erworben, so kann er dem Fragenden signalisieren, dass es hier fachmännische Hilfe gibt. Eines muss aber dem Laienhelfer unbedingt bewusst sein: Schwere Charakterneurosen sind außerordentlich schwer heilbar, wenn sie sich erst einmal eingeschliffen haben. Es damit als Laie allein zu versuchen, überfordert diesen bald meist hoffnungslos. Er kommt in große Schwierigkeiten mit seinem Schützling. Nicht umsonst sind qualifizierte Ausbildungen zum Psychotherapeuten so lang! *Schwere Neurosen* gehören in die Hand sachgemäß ausgebildeter Psychotherapeuten, Psychosen in die Hand von Psychiatern. Aber es ist wichtig, dass der Laienhelfer sich ein Rüstzeug zulegt, um übliche Lebensschwierigkeiten, für die seine Beratung und Betreuung angemessen ist, von Verhaltensweisen zu unterscheiden, die psychischen Krankheitswert haben.

Grobe Kriterien für *schwere Neurosen* sind immer wiederholte Verhaltensweisen, die den Menschen selbst oder seine Umwelt behindern oder schädigen, ohne dass die Einsicht darüber zu einer Verhaltensänderung führt. Dazu gehören imaginäre Ängste ebenso wie ungerechtfertigte Aggressionen, situationsunabhängige Verzagtheit und unverbesserliche Süchte aller Art.

Das Hauptkriterium für eine *Psychose* ist der Verlust der Unterscheidungsfähigkeit zwischen Wirklichkeit und Fantasie (wie z. B. Stimmenhören, Halluzinationen, Verfolgungs- und Größenwahn).

Immerhin gibt es auch die Möglichkeit, wenn der Laienhelfer unsicher ist, zunächst einmal eine diagnostische Differenzierung durch die Untersuchung bei einem Diplom-Psychologen zu gewinnen. Die diagnostischen Methoden *bei Health-Consult, 3 Sitzungen zoul anonym Perldion!*

der modernen Psychologie haben sich in den vergangenen Jahrzehnten sehr verfeinert. Sich hier Klarheit über eine psychische Ungereimtheit bei Ratsuchenden zu verschaffen, kann bereits erhellenden Sinn haben und damit einen Teil der Angst und seelischen Unruhe nehmen.

Freilich ist das nur möglich, wenn der Hilfsbedürftige selbst den Diagnostiker von der Schweigepflicht gegenüber dem Laienhelfer entbindet.

E

Ermutigen

Kürzlich bekam ich von einem jungen Mann, der mir seinen erfolgreichen Berufsabschluss meldete, folgenden Brief:

»Ich möchte Ihnen, obgleich es doch zwölf Jahre her ist, dass ich zu einer Beratung bei Ihnen war, heute endlich meinen Dank aussprechen und Ihnen mitteilen, dass ich Ihren Rat nie vergessen habe und er für mein Leben die besten Früchte gezeigt hat. Erinnern Sie sich noch? Ich bin das Jüngste von drei Kindern. Mein Vater starb durch einen Verkehrsunfall, als wir noch kleine Kinder waren und meine sehr bemühte und liebevolle Mutter hatte das schwere Schicksal, uns drei in alleiniger Regie aufzuziehen. Meine beiden Schwestern sind acht und sieben Jahre älter als ich, und als ich anfing älter zu werden, so um den zehnten Geburtstag herum, erlebte ich, dass diese beiden das Leben meiner Mutter mehr oder weniger ständig dadurch beschwerten, dass sie ihr — meist aufgebauscht, wie ich heute meine — immerzu irgendwelche Lasten aufnötigten: Bedrängnisse mit den Klausuren, Klagen über Lehrer und Mitschüler, Liebeskummer, Frustriertheiten, Wehwehchen aller Arten. Meine Mutter machte dazu Telleraugen, klagte mit, sorgte sich, verbrachte schlaflose Nächte.

Ich machte es zunächst fast automatisch meinen Schwestern nach, bis meine Mutter sich entschloss, mich Ihnen einmal vorzustellen. Ich weiß nicht, ob Sie sich noch daran erinnern, was Sie nach einigen Tests mit mir und Gesprächen mit meiner Mutter unter vier Augen zu mir sagten: ›Stefan‹, erklärten Sie, ›du bist ein seelisch ganz gesunder Junge, und graue Hirnzellen hat dir der liebe Gott auch genügend mitgegeben. Du hast nur ein wenig den Klagestil deiner Umwelt übernommen. Aber der passt gar nicht zu dir! Und außerdem ist er enorm hinderlich. Schalte doch einmal um 180 Grad um, und sage dir jeden Morgen, bevor du aufstehst: Ich will versuchen, meiner Mutter möglichst viel Positives mitzuteilen. Schwer genug hat sie es ohnehin. Und es gibt ja so viel Positives. Dafür hast du durchaus auch Sinn. Nur musst du es dir zur Regel machen, das auch auszusprechen. Du wirst sehen: Wenn du dich daran hältst, kannst du einige Wunder erleben. Aber dieser Rat muss ein Geheimnis zwischen uns beiden bleiben.‹

Ich habe Ihren Rat befolgt und mich von da an fleißig in Optimismus geübt. Und nach einiger Zeit habe ich erstaunt bemerkt, dass die ganze Nörgelei wie von selbst von mir abfiel. Das Rezept, meiner geplagten Mutter das Leben ein wenig zu erleichtern, erleichterte mir selbst das Leben, hellte zusehends mein eigenes Stimmungsbarometer auf. Allmählich brachte ich es zu einer Art chronischer positiver Großwetterlage in meiner Seele.

Auch in der Ausbildung hat sich Ihr Rat bewährt. Ich war bei den Kollegen bald beliebt, und die Mädchen mochten mich auch sehr. Jetzt habe ich eine sehr süße Freundin, und ich bin der glücklichste Mensch der Welt. Ich gebe diesen Brief gern zur Veröffentlichung frei; vielleicht kann er helfen.«

Um einen solch schlichten Rat zu geben, braucht man kein jahrzehntelanges Studium. Trotzdem kann er sehr wirkungsvoll sein, wie dieser Brief beweist. Die Voraussetzung dafür, solchen Rat geben zu können, liegt allerdings darin, dass man als Helfer selbst, mit Schwierigkeiten auf ähnliche Weise umgeht. Eine eingeübte Grundhaltung dieser Art prägt nämlich allmählich die eigenen Aktivitäten und kann schließlich sogar auf ängstliche Menschen mit pessimistischer Lebenseinstellung positiv einwirken.

Kein Mensch kann leben, wenn er täglich aufs Neue entmutigt wird. Fortgesetzter Tadel, Vorwürfe und das Artikulieren von Zukunftsbefürchtungen haben zur Folge, dass das Leben immer düsterer und schließlich auch erfolgloser wird. Deshalb gehört es zum Verhalten eines guten Helfers, dass er seine eigene positive Lebenseinstellung gewissermaßen als eine Atmosphäre fortgesetzter Ermutigung geradezu ausstrahlt. Das heißt nicht, dass er zu jeder Klage lächelt und sie mit forschem Augenaufschlag aus der Welt zu schaffen sucht. Nicht nur das Anhören, sondern auch das Mitleiden gehört zum Helfen. Trauer z. B. um den Verlust eines geliebten Angehörigen muss zunächst vor allem anderen mitgetragen werden, ganz und gar, wenn die Hilfsbedürftigkeit des Klagenden dadurch hervorgerufen wurde, dass sich im Zusammenhang mit dem Todesfall schwere Schuldgefühle bei dem Hinterbliebenen eingestellt haben. Aber wenn der Trauernde beim nächsten Gespräch vielleicht schon wieder eine passable Frisur hat oder etwa vielleicht nur beiläufig berichtet, dass er irgendwann und irgendwo in seinem Alltag bereits wieder eine Aktivität entwickelt habe, sollte das nicht überhört, sondern beachtet und die Freude darüber zum Ausdruck gebracht werden. Die kleinen Fortschritte müssen registriert und erwähnt werden.

Hoffnung auf Überwindung der Not, der Trauer sollte ganz gezielt genährt werden, wenn sich Silberstreifen am Horizont zeigen. Am erfolgreichsten ist nun einmal der

Erfolg — das ist eine alte pädagogische Grundregel —, und eine hoffnungsgebende Ermutigung hat grundsätzlich mehr Aussicht, das erlahmte Schwungrad des Lebens bei einem seelisch Geschwächten wieder in Gang zu bringen, als wenn der Helfer sich von einer anhaltenden Hoffnungslosigkeit anstecken lässt.

Für einen christlichen Helfer ist das sowieso unangemessen; denn seine Lebenseinstellung ist getragen von dem unverbrüchlichen Wissen um einen gerechten und liebevollen Gott, der wie ein Vater für uns Menschen sorgen will. Der christliche Helfer erfährt in seinem Dienst, dass es das trotz aller Not immer wieder einmal gibt: das Wunder neuer Aufbrüche und unverhoffte Heilung von langjährigen Seelenwunden.

Der christliche Helfer bleibt auch angesichts schwerer, anscheinend nicht heilbarer Leiden der von ihm Betreuten einer, der sich nicht gänzlich entmutigen lässt, weil er sich durch die Heilszusage Gottes für jeden Menschen getragen weiß, und sich auch durch das fürbittende Gebet gegen Entmutigung stärken lassen kann. Einstellungen dieser Art bei den Helfern sind deshalb das beste Lebenselixier selbst im Umgang mit verzweifelten und von einem schweren Schicksal betroffenen Menschen.

Das Bemühen des Helfers um Ermutigung und die Vermittlung eines zukunftseröffnenden Vertrauens darauf, dass es eine Lösung für die zur Sprache gebrachten Schwierigkeiten geben wird, werden nicht nur im Gespräch mit dem Betroffenen selbst zum Tragen kommen. Auch im Kontakt mit den Angehörigen ist es nicht selten erforderlich, einer Haltung der Resignation entgegenzuwirken oder übereilte Erklärungsversuche, die oft genug mit Schuldzuweisungen verbunden sind, zu korrigieren.

Erklärungen sind sicher notwendig, sie sollten jedoch mit äußerster Behutsamkeit gegeben werden. Eine solche maßgeschneiderte Behutsamkeit ist selbst bei professionellen Helfern keineswegs selbstverständlich, schon ganz und gar nicht bei jenen, die es mit der Beratung der Eltern von verhaltensauffälligen Kindern zu tun haben. Da wird häufig den Angehörigen mit so schonungsloser Brutalität die Schuld für den misslichen Zustand ihres Kindes zugeschoben, dass diesen Hören und Sehen vergeht. Wie unmenschlich, wie grob, aber häufig auch: wie unberechtigt!

Der Fehlschluss, das Verhalten der Angehörigen für die alleinige Ursache der Nöte zu halten, ergibt sich besonders leicht, wenn man die Situation einzig aus der Perspektive des Hauptbetroffenen kennt. Der Ratsuchende kann, wenn er Vertrauen gefasst hat und nicht allzu sehr seine Gewissensinstanz allein in seiner Seele herrscht, bald in reicher Palette das ganze häusliche Elend anklagend schildern. Dieses Bild wird dann häufiger sogar noch ergänzt durch zermürbte Angehörige, die bekümmert darlegen, wie oft ihnen der Geduldsfaden reißt und wie wenig sie dem Ideal friedfertiger Gemeinsamkeit entsprechen. Doch ist es in vielen Fällen ein oberflächlicher Trugschluss, bei diesem Gefüge von scheinbarer Ursache und Wirkung stehen zu bleiben.

Es ist selten berechtigt, die ohnehin geschlagenen Angehörigen fortgesetzt zum alleinigen Sündenbock zu machen in der irrigen Vorstellung, durch dergleichen Erklärungen könnte sich auch nur irgendetwas ändern. Wenn man sorgfältig genug die Vorgeschichte erhebt, ergibt sich in einem Großteil der Fälle, dass das Geflecht der Nöte eine viel tragischere Entstehungsgeschichte hat. Wie oft zeigt sich dann vielmehr, dass die Schwierigkeiten so früh einsetzten bzw. nach einem einschneidenden Schicksalseinbruch eintraten, dass sich erkennen lässt, wie sehr die gegenwärtigen auf der Hand liegenden Verhaltensweisen der Angehörigen verzweifelte Reaktionsformen auf ein Verhalten sind, das die Umwelt berechtigterweise nicht verstehen konnte und dem man durch Diffamieren, Verbieten und Bestrafen beizukommen suchte.

Besonders deutlich zeigt sich dieser Sachverhalt häufig bei Kindern, die ihre erste Lebenszeit in Säuglingsheimen verbringen mussten. Die Aggressionen, die Diebstähle und vielfältigen Unangepasstheiten solcher Kinder, die häufig erst massiv auftreten, wenn sie das Kleinkindalter überwunden haben, werden von den Angehörigen aus Unkenntnis missverstanden und mit immer gröberen Bestrafungen beantwortet, ohne dass der Erziehungsstil vorher insgesamt unangemessen war. Es ist z. B. unbillig, eigentlich wohlmeinenden Pflegeeltern die gesamte Schuld für die Fehlentwicklung des Kindes anzulasten.

Vor solchen oberflächlichen Trugschlüssen möchte ich deshalb nachhaltig warnen. Ungerechtfertigte Belastungen der Angehörigen in dieser Art dienen nicht im Mindesten in irgendeiner Weise der Besserung. Sie dienen lediglich einer überheblichen, unfairen Aggressionsentlastung des Helfers. Das zur Schau getragene Kopfschütteln des Helfers über die schlimmen Angehörigen beruht auf dem von ihm selbst unerkannten Mechanismus der Selbsterhöhung nach dem Motto von Wilhelm Busch: »Und der Onkel lächelt froh — Gottseidank, *ich* bin nicht so!« Das ist eines menschenfreundlichen Helfers unwürdig und führt bei den Ratsuchenden lediglich zu einer Verstärkung der häuslichen Schwierigkeiten.

Weibliche Helfer neigen ohnehin in typisch mütterlicher Manier dazu, für den verhaltensgestörten Menschen selbst

Partei zu ergreifen. Der Kleinste, der Schwächste muss eben in Schutz genommen werden. Aber das ist in der Beratung oft ebensowenig angemessen wie beim Umgang mit den eigenen Kindern; denn der Kleinste ist eben keineswegs automatisch auch der Schwächste. Schon ganz und gar darf es heute nicht als selbstverständlich vorausgesetzt werden, dass Eltern in unverantwortlich verabscheuungswürdiger Weise übertrieben autoritär mit ihren Kindern umgegangen seien.

Noch einmal also: Um Himmels willen nicht auf dem Boden modischen Klischeedenkens Schuldzuweisungen an die Angehörigen austeilen! Dann ist frustrierende Zurückhaltung wirklich noch weniger schädlich.

Aber vor solchen Kunstfehlern kann neben einer sehr gründlichen Untersuchung die Haltung der Brüderlichkeit bewahren. In sie müssen die Angehörigen einbezogen werden.

Wir müssen als Helfer voraussetzen, dass junge Menschen, wenn sie etwa im Alter von zwanzig und dreißig Jahren Eltern werden, nun nicht perfekte Erzieher, nicht automatisch vollkommen im Umgang mit Menschen sind. Wir haben kein Recht, ihnen das vorzuwerfen, wenn sie es nicht sind. Sind wir es denn?

Im Geist der Brüderlichkeit können wir den Leidenden mit Verständnis und Nachsicht begegnen. Wir können und sollten das umso mehr, je mehr wir durch Aus- oder Weiterbildung über das Gefüge menschlicher Reaktionsformen gelernt haben, je mehr wir uns in jedem einzelnen Fall vergegenwärtigen, dass es in unserem Kulturkreis kaum einen Menschen gibt, der nicht zumindest einige neurotische Starrheiten, mehr oder weniger bewusst, mit sich herumträgt — alte, oft nicht fest vernarbte Wunden, an denen man sich immer wieder und vermehrt stößt und durch den Schmerz bedingt unangemessen reagiert.

Die gebotene Behutsamkeit bei der Suche nach der Weitergabe von Erklärungen wird sich vor allem dann einstellen, wenn der Helfer sich ein Gespür für die Realität der Übermächtigkeit von Schicksal im wahrsten Sinne des Wortes angeeignet hat, statt sich darauf zu beschränken, den Sündenbock zu jagen. Gewiss, oft sind wir an Missständen, um die es geht, selbst schuld — aber gleichzeitig doch in einer so tragischen Verflechtung, in einem Verhängnis aus so vielen und auch keineswegs immer dem eigenen Willen unterliegenden Faktoren, dass es eine verkürzte Wahrheit wäre, nur eine einzige Person oder nur eine einzelne Verhaltensweise für den Missstand verantwortlich zu machen. Selbst der professionelle Helfer — und wie viel mehr der Laie — muss sich immer vergegenwärtigen, dass alle seine Erkenntnisse zwar von klärender Bedeutsamkeit zu sein vermögen, dass sie aber dennoch Mutmaßungen bleiben, Annäherungen, spiralenförmige Umläufe um den Kern der Wahrheit, der uns als Absolutum verhüllt bleibt. Wenn wir das nicht vergessen, bleiben wir aufgeschlossener für die Möglichkeit des Irrtums und der Revisionsbereitschaft, dann haben wir mehr Chancen, auch bei der sich eventuell anschließenden Betreuung unvoreingenommener, wacher, hellhöriger zu bleiben. Nie hat sich je irgendein Seelenhelfer im Besitz der ganzen Wahrheit über einen Menschen befunden.

Die Seele des Menschen ist trotz erkennbarer Struktur darüber hinaus grundsätzlich für eine Überraschung gut, sie kann sich im Schmelztiegel des Leids kernhaft verwandeln, ja sie ist ebenso auf langsam reifende wie auf persönlich eruptive Veränderung hin angelegt.

Dies alles gilt es zu bedenken, bevor man Erklärungen abgibt. Mit prognostischen Befürchtungen sollte man sparsam sein. Grundsätzlich sollte zunächst ausführlich über die positiven Aspekte der Situation gesprochen werden — nicht als leeres, geheucheltes Lob, sondern als Darlegung echter Ergebnisse. Es gibt keine Begegnung mit Rat suchenden Menschen, die nur negative Aspekte ans Licht brächte. Wenn der Helfer dem Hilfsbedürftigen mit aufgeschlossener Hörbereitschaft begegnet ist, so hat dieser ihm auch Züge seines Wesens offenbart, die liebens-, lobens- und anerkennenswert sind. Manchmal kennen weder die Angehörigen noch er selbst diese positiven Wesenszüge und sind deshalb angenehm überrascht, wenn man sie ihnen gewissermaßen schwarz auf weiß demonstriert.

F

Freiheit lassen

Zur eisernen Grundregel aller helfenden Bemühungen muss das Freilassen des Hilfsbedürftigen gehören. Es ist banale Überheblichkeit zu meinen, die Rolle eines Helfers dürfe darin bestehen, für den Suchenden Schicksal zu spielen. Deshalb muss eben die Haltung des Anhörens, des Hinhorchens, das Einfühlen so dringlich und zentral am Anfang der Begegnung stehen.

Wie realitätsgerecht diese Verfahrensweise ist, lässt sich schon an dem kleinen, banalen Bemühen um ein verzweifeltes Kind lernen, das mit seinen Schularbeiten nicht zurechtkommt. Der wichtigste Schritt ist damit getan, dass der um Hilfe Gebetene sich zuwendet, sich der Sache widmet. Er kann aber das ganze Unternehmen verderben, wenn er jetzt zu rasch eingreift. Meistens findet derjenige, der sich in der Sackgasse befindet, bereits dadurch den Weg heraus, dass er dem Anderen seine Situation aufzeigt und ihm seine Schwierigkeit erklärt. Durch das Artikulieren findet eine vertiefte Konzentration auf das Problem statt, so dass manchmal bereits dadurch seine Lösung möglich wird.

In zahllosen Fällen ist das im helfenden Bemühen um psychische Probleme nicht anders. Ja, genau wie bei den Schularbeiten des Kindes ist die Wahrscheinlichkeit, die richtige Lösung zu finden, dann größer, weil sie aus dem

Kontext von eigenen Vorerlebnissen oder Vorinformationen entsteht und das eigentlich Gemeinte besser trifft als eine Lösung, die auf dem Boden fremder Einmischung entstand. Die Warnung der Psychoanalyse vor zu direkter Einmischung hat also einen guten Sinn, wenn sie nicht durch Verabsolutierung zur barbarischen Kontaktverweigerung entartet. Der Suchende muss seinen eigenen Worten mit uns gemeinsam gewissermaßen nachlauschen, seine Gedanken müssen aufgehen dürfen wie ausgesäter Samen. Wir müssen mit dem Suchenden — und manchmal zunächst sogar für ihn — die Geduld haben, warten zu können, bis daraus etwas wird — eine neue Hoffnung, ein Einfall zur Änderung, eine Bereitschaft, eine bestimmte Richtung auf dem Lebensweg einzuschlagen.

Diese Vorgänge haben viel Ähnlichkeit mit dem Erleben einer Schwangerschaft; auch während einer solchen Phase ist man nur scheinbar zur Untätigkeit verdammt. Man begleitet vielmehr intensiv das ungeborene Kind in seinem Werden. Man freut sich am Fortgang, man hütet das Geheimnis lange vor der Umwelt. Man versucht, Negatives fernzuhalten. Man ist im Einklang damit, dass etwas unter unserer Obhut geschieht, ohne dass wir es machen müssen. Wir können darauf vertrauen, dass das Kind zur Welt kommt. Wir brauchen nicht Regie zu führen! Das ist auch im Helferberuf beglückend, und es nimmt ihm die nervöse Hektik der Überverantwortung, wenn man eine solche Einstellung hat.

Wir Helfer sind nicht die Drahtzieher. Wir brauchen, ja, wir dürfen nicht die Führenden sein — wir sind ebenso stille wie wachsame Begleiter. Dass diese Grundregel so durchgängig gilt und so erfolgversprechend ist, bestätigt die beglückende Gegebenheit, dass eben auch das Wachstum der

Seele, ähnlich wie das des ungeborenen Kindes, seine eigenen Gesetze hat, ja, dass der Mensch gar nicht fortgesetzt geschoben werden darf, sondern dass er sich »in seinem dunklen Drange des rechten Weges wohl bewusst ist«, wie Goethe es so treffend zu sagen wusste. Freilich gehört es auch zur Aufgabe des Helfers, warnend einzugreifen, wenn der noch seelenblinde Gesprächspartner sich anschickt, in einen Abgrund zu stolpern — aber im Übrigen darf er sich darauf beschränken, dessen Weg vertrauensvoll zu begleiten. Gerade dieses Vertrauen bildet einen aufbauenden Schutz, dessen der Suchende am allermeisten bedürftig ist.

Wichtig ist es, sich in dieser Haltung der Gelassenheit nicht von Angehörigen oder von dem ungeduldig Suchenden selbst irre machen zu lassen: »In den ganzen Sommerferien hat Erik keinen Strich für die Schule getan!«, ruft eine besorgte Mutter ins Telefon. »Das kann gar nicht gut gehen! Gleich im September werden die entscheidenden Arbeiten geschrieben.« Es mag sein, dass es für Erik zweckmäßig wäre, ein wenig mit den Vorarbeiten zu beginnen; aber Erik, der einen schweren Schnüffeltick hat, durfte niemals irgendetwas aus eigener Initiative tun, er wurde fremdgelebt von Eltern, die es ganz besonders gut mit ihm meinten. Erst die Therapie hat ihn zu eigener Handlungsfähigkeit geführt.

»Er bastelt nur an seinen Modellflugzeugen«, klagt die Mutter, »Sie müssen ihn davon abhalten — auf Sie hört er!«

Man ist so sehr versucht, der mütterlichen Bitte nachzugeben. Aber es wäre falsch. Erik kommt modellbauend und ohne Schnüffeltick, der eine verkappte Angriffsgebärde darstellte, aus den Ferien zurück und schafft sogar die Klassenarbeit mit Erfolg.

Freilich tritt ein solcher Erfolg keineswegs in jedem Fall und erst recht nicht immer schnell ein. Dann brauchen der Hilfsbedürftige und seine Umwelt Zuspruch, um nicht die Geduld zu verlieren. Aber es bedeutet meistens keine Schönfärberei, diesen zu geben, weil der sorgsam beobachtende Begleiter die Veränderungen zum Positiven besser wahrnimmt und verdeutlichen kann als der Betreute und seine Angehörigen, die durch den täglichen Umgang miteinander die kleinen, fortschreitenden Veränderungen weniger leicht registrieren.

Zum Freilassen des Betreuten gehört auch, ihm keine Entscheidungen abzunehmen und nicht die Initiative für ihn zu ergreifen. Ein Mensch, der so schwer krank ist, dass er durchgängig nicht allein handeln kann, gehört freilich nicht in die ambulante Beratung, sondern in die Behandlung einer Spezialklinik oder eines Sanatoriums. Menschen aber, die lediglich partielle Lebensschwierigkeiten haben, dürfen durch den Betreuer auf gar keinen Fall eine Bevormundung erfahren — und sei sie noch so gut gemeint.

Unerfahrene Helfer fallen manchmal darauf herein, mit den Klagenden den äußeren Umständen allein die Schuld an dem Elend zu geben. Das gibt es zwar auch, aber gerade selten bei den Menschen, die daraus noch nicht von sich aus und ohne fremde Fachhilfe die nötigen Konsequenzen gezogen haben. In den meisten Fällen, in denen jemand in veränderbaren unerträglichen äußeren Umständen verharrt, liegen die Schwierigkeiten nicht in den Umständen, sondern in den psychischen Schwierigkeiten des derart geschlagenen Menschen selbst. Man kann das dann gern versuchen: die größere Wohnung beschaffen, die Umschulung einleiten, die Gehaltserhöhung durchsetzen — aber Zufriedenheit, Glück, Beseitigung der Nöte, welcher Art auch immer, sind in solchen Fällen praktisch kaum einmal zu erreichen.

Die törichte Vorstellung, den äußeren Umständen allein die Schuld am Unglück eines Menschen zu geben, lässt deshalb auch manche gut gemeinten Sanierungsmaßnahmen unserer Sozialbehörden oberflächlich und unwirksam bleiben. In der Mehrzahl der Fälle ist ein beistehender Anstoß zur Selbsthilfe viel wesentlicher als Maßnahmen, die dem Menschen die Eigenverantwortung und Eigeninitiative nehmen. Da erstickt die Kraft zum reifenden Selbsttun und wirft den so falsch Beschenkten in den Säuglingsstatus zurück, der ihn fordernd und schreiend zu einem Kuckucksvogel mit Riesenerwartungen entarten lässt.

G

Grenzen setzen

Um die eben geschilderte Gefahr der seelischen Rückentwicklung ins Säuglingsalter durch therapeutische Verwöhnung zu vermeiden, ist es unumgänglich, dem Hilfe Suchenden feste Grenzen zu setzen und ihn in der Betreuung verlässliche Ordnung erleben zu lassen. Je innerlich heimatloser, wurzelloser, verwehter ein Mensch ist, umso nötiger braucht er den klaren Stundenplan, die feste, am besten immer gleiche Regelung der Zeiten. Da ein Defizit an frühkindlicher Geborgenheit besonders bei der jungen Generation heute die Quelle der am häufigsten auftretenden Lebensschwierigkeiten darstellt, ist bei vielen ein klares Reglement von großem Wert.

Nichts ist verkehrter, als dem Hilfsbedürftigen keine feste Zeitgrenze der jeweiligen Zuwendung zu setzen. Ihre Dauer muss von vornherein festliegen. Nichts ist gefährlicher für einen einfühlsamen mitmenschlichen Sozialarbeiter, als dem arbeitsscheuen, suchtgefährdeten, dem gelegentlich schon straffällig gewordenen jungen Betreuten anzubieten, er könne zu ihm kommen und gehen, wann immer er wolle. Verwahrlosung wird dadurch nicht geheilt, sondern nimmt immer gefährlichere Formen an.

Durchgängig machen unerfahrene Laienhelfer mit einem überströmenden Bedürfnis, den anderen zu bergen, eine ebenso schreckliche wie enttäuschende Erfahrung, wenn sie nicht von vornherein auf ein festes Maß in der Zuwendung bedacht sind: Die ohne Zeitgrenze immer offene Tür führt zu einer maßlosen Überbeanspruchung. Je hilfloser der Kranke ist, umso rücksichtsloser ist er im Hinblick auf seinen Helfer; er nimmt binnen kurzem statt des einen Fingers mehr als beide Hände und bringt den Helfer in größte Schwierigkeiten mit seinen Angehörigen, mit anderen Pflichten, mit der Notwendigkeit, sich zu erholen, mit seinem Schlafbedürfnis.

Der in dieser Weise Gepflegte entwickelt im Allgemeinen keinerlei Gespür für die Überbürdung, die er dem Anderen zumutet, für die übermüdete Ermattung des Helfers, die daraus erwächst. Hilfsversuche dieser Art scheitern meist in schlimmer Weise; im besten Fall verschwinden die Betreuten von selbst, nachdem die Weide gewissermaßen abgegrast ist. Sie spüren, dass da nichts mehr zu holen ist.

Im anderen Fall kommt es zu einer Explosion des überforderten Gastgebers, er spielt plötzlich ungewollt, unbeabsichtigt, ungeplant und befremdlich für ihn selbst den Vetter von Sezuan, wie Bert Brecht ihn zutreffend als die Reaktion auf Überforderung von Hilfsbereitschaft dargestellt hat, und wirft den Schmarotzer aus dem Haus, was zum Bruch, häufig auch zur tiefen Enttäuschung und noch tieferen Verlorenheit des so Frustrierten führt.

Im dritten Fall geht der Helfer selbst an der Maßlosigkeit seiner Hilfsbereitschaft zugrunde — oft an einem psychosomatischen Leiden, weil er nicht in der Lage war, das ihm Unangemessene ins Bewusstsein zu bringen. Auch dann ist die Verlassenheit der »Hinterbliebenen« oft schlimmer, als wenn Hilfeversuche niemals unternommen worden wären.

Ich habe erlebt, dass ein junger Pfarrer in dieser Weise die Jugendarbeit in seiner Gemeinde zu aktivieren versuchte. Alle Jugendlichen, besonders die schwierigen, die mit dem christlichen Glauben nichts anzufangen wussten und der gottesdienstlichen Verkündigung ohnehin fernblieben, durften das Pfarramt besuchen, so oft sie wollten. Der Pfarrer stellte außer der von seiner Frau mühsam erarbeiteten Wohnungseinrichtung jedem jungen Gast Getränke bei lautstarker Musik zur Verfügung, so viel er nur wollte. Das Ergebnis war eine Szenerie, die die junge Pfarrfrau mir als die reinste Hölle schilderte. Auch in den Nächten gab es bald keine Ruhe mehr, die Wohnung verkam, der Zigarettenqualm war nicht mehr zu vertreiben, der Dauerlärm zermürbte. Der junge Pfarrer wollte, trotz der Tränen und Szenen, die seine Frau ihm bescherte, den fundamentalen Fehler nicht einsehen. Daraufhin ging seine Frau mit ihrem halbjährigen Sohn zu ihren Eltern zurück, und der Pfarrer starb nach einem weiteren Jahr der Jugendbetreuung an einer akuten Leberentzündung.

Kein Retter kann einem Ertrinkenden dadurch das Leben erhalten, dass er sich der verzweifelten Umschlingung des Versinkenden ausliefert. Er muss ihn mit der Festigkeit des Wissens um die Unumgänglichkeit des Abstands in eine rettende Distanz geradezu hineindrücken.

Der Hilfsbedürftige, mit dem man sich stundenweise in bestimmten Abständen verabredet, beginnt dann freilich bald zu meutern. Er wird ärgerlich, wenn er erlebt, dass er in eine Schar weiterer Hilfesuchender eingereiht ist, die vor ihm und nach ihm zu einer Gesprächsrunde kommen. *Er* braucht doch Hilfe! *Er* braucht den Helfer, und zwar ganz für sich allein, so meint er. Er oder seine Angehörigen bitten deshalb binnen kurzem um längere Betreuungszeiten in kürzeren Abständen.

Es ist wichtig, dem Hilfesuchenden dann die Berechtigung, ja, die Notwendigkeit solcher begrenzten Zuwendung verbal zu verdeutlichen. Freilich ist damit der Durst keineswegs gelöscht, der Betreute will den Helfer weiterhin ganz für sich allein beanspruchen. Aber die wiederholte Begründung der Verfahrensweise bewirkt doch, dass der Drängende erlebt: Es ist nicht Egoismus, nicht lieblose Verweigerung, sondern sachgerechte, liebevolle Bemühung für einen guten Fortgang der Betreuung, die diese Anordnung bestimmt.

Im Dienst eines solchen Mühens steht auch die Forderung zur Pünktlichkeit. Es bedeutet Fehlerziehung, Menschen, die ohne höhere Gewalt eine halbe Stunde zu spät kommen, diese halbe Stunde länger zu gewähren. Das führt zu einer Ausweitung der Lässigkeit, die dem Hilfesuchenden nichts nützt. Dabei kann ein viertelstündiger Stau im Verkehrsdickicht des Berufsverkehrs keineswegs als höhere Gewalt gelten — er hat eingeplant zu werden.

Ähnlich ist es mit den Verfrühungen. Es hat keinen Sinn, einem eine Dreiviertelstunde vor der verabredeten Zeit Eintreffenden diese Zeit zu schenken, weil sie gerade verfügbar ist. Er würde dann öfter zu früh eintreffen und jedes Mal neu enttäuscht sein, wenn die Doppelstunde nicht wiederkehrt.

Hilfsbedürftige, die immer wieder viel zu früh kommen, sollte man freundlich auf die Caféteria an der nächsten Ecke hinweisen und sie bitten, es sich dort noch ein wenig gemütlich zu machen. Oft ist es gut und sinnvoll, dem Hilfesuchenden auch dieses »Kleben« als ein Zeichen großer (berechtigter) Bedürftigkeit nach Zuwendung ins Bewusstsein zu bringen mit dem Hinweis darauf, dass man es nicht nur verstehe, sondern sogar bereit sei, das Defizit auffüllen zu helfen, jedoch so, dass es ihn nicht zurückwerfe und ihm schade, sondern ihn voranbringe.

Damit ist die Gefahr in den Griff genommen, in vielen Fällen aber noch nicht gebannt. Menschen, die ein Zuwendungsdefizit aus der Kleinkinderzeit mit sich herumtragen — und sie sind heute schon in der Überzahl —, haben auf dem Boden dieses fundamentalen Mangels in sich eine übermächtige Bedürftigkeit. Ihre Seele ist auf eine sich selbst ängstigende, aber unbewusste Vereinnahmungstendenz reduziert, die den, der sich ihr nähert, am liebsten verschlingen möchte, um in den endgültigen Totalbesitz der Person zu kommen, die Zuwendung zu geben verspricht. Diese Riesenkralle lauert in vielen der zartesten und sympathischsten Hilfesuchenden und kommt auf die raffiniertesten Tricks. Einer davon ist die Erpressung dadurch, dass er gewissermaßen in Todesnöten um Hilfe schreit. Aber wenn der Helfer dann hinzueilt — zum Selbstmordversuch z. B. oder ins Krankenhaus nach dem Unglücksfall, so ergibt sich bei näherem Hinsehen allzu oft, dass das Ganze künstlich herbeigeführt worden ist, und zwar mit dem Ziel, den Helfer zu zwingen, das Mehr an Zuwendung zu liefern, das er vorher eingrenzend verweigert hatte.

Eine unendliche Fülle von »Krankheiten« in unserem Wohlfahrtsbetrieb beruht auf solchen so genannten »neurotischen Arrangements«: im Grunde geringfügige Nöte oder körperliche Beeinträchtigungen erscheinen dem seelisch Geschwächten als unerträglich und dramatisch ausweglos. So werden sie von ihm benutzt, um der Umgebung seine grundsätzliche Hilfsbedürftigkeit zu signalisieren.

Manche soziale Einrichtungen, die diese Gegebenheit nicht beachten, kosten sehr viel Geld, helfen aber wenig. Bei den Patienten, deren Seele nach Geborgenheit schreit, wird durch viel zu viele Medikamente der Körper und durch viel zu viel Müßiggang zusätzlich der Geist gelähmt. Die Seele aber bleibt leer, weil sie ihre Not nicht in den Blick bekommt, sie also nicht bewusst verarbeiten kann, sondern mit dem existentiellen Urbedürfnis nach Umsorgtsein unangemessen weiter agiert.

Es ist ein Kunstfehler, der mit Stillstand oder Misserfolg in der helfenden Bemühung bezahlt werden muss, wenn man das neurotische Arrangement des Patienten nicht durchschaut und mit ihm aufarbeitet. Er muss erkennen, dass der Helfer seine Handlung wohl versteht, sie aber als ein unfaires Erschleichen von Zuwendung erkennt, als einen Fehler in der Zusammenarbeit, die der Patient doch bereits durch seine Zustimmung zur Behandlung zugesichert hat. Der Hilfesuchende muss auch erfahren, dass er sich auf diese Weise ins eigene Fleisch schneidet und durch schädigendes Zwingenwollen mit sich selbst lieblos umgeht. Der Helfer darf im Wiederholungsfall mit Unwillen reagieren, mit der Begründung, dass er die Seele des Bedürftigen vor der gierigen, maßlosen, ungeduldigen Riesenkralle in ihm selbst zu beschützen habe.

Aber solche bewusst machenden Gespräche sollten erst in der ohnehin verabredeten Gesprächsstunde erfolgen. Wehe, der Helfer läuft in die Falle eines neurotischen Arrangements! Wehe, er fährt dem so Agierenden nach und setzt sich über Stunden an sein Bett! Der Betreute wird dann nämlich geradezu süchtig in die Krankheit hineingetrieben und bringt den Helfer gleichzeitig in ein solches Unmaß an Schwierigkeiten, dass alle Bemühung daran zerbricht. In festbannende Versuche dieser Art werden fast immer weitere Personen mit einbezogen: Hausärzte, Lehrer, Sozialarbeiter, liebevolle ältere Damen; die Angehörigen werden, meist ohne dass sie oder der Akteur selbst das bewusst wollen, zu mehr oder weniger gekonnt eingesetzten Figuren, die er benutzt, um des Helfers verschlingend habhaft zu werden.

Verschlingungsversuche können sich auch in der Form großzügiger Geschenke darstellen: da wird das Ferienhaus zur Verfügung gestellt, oder der Helfer erhält vielerlei Zuwendungen, die Verpflichtungen auferlegen. Im Hinblick auf solche Verlockungen muss der Helfer wachsam sein. Zwar ist es wichtig und therapeutisch auch wirksam, sich über Anträge dieser Art zu freuen, aber sie dürfen unter Bewusstmachung der Gefahren für den Fortgang der Betreuung nicht angenommen werden. Deshalb ist es auch unumgänglich, das Privatleben und die helfenden Bemühungen voneinander zu trennen. Solange der Hilfesuchende noch schwach ist, hat er kein echtes Interesse am Leben und Empfinden des Helfers. Wer schwach ist, ist meistens egoistisch und egozentrisch. Nur der volle Brunnen kann sein Wasser verschenken. Ein leerer Seelenschacht hat nichts zu vergeben und infolgedessen weder echte Fähigkeit zur Mitfreude noch zum Mitleiden. Mangel nötigt grundsätzlich zum Zusammenhalten des kargen Besitzes. Diese Wahrheit trifft für den seelischen Bereich nicht weniger zu als für den materiellen.

Deshalb auch sind Plaudereien über persönliche Erlebnisse in den Gesprächsstunden unangebracht. Sie stören den Fortgang, statt, wie mancher Laie vielleicht meinen mag, vom Hilfe suchenden als Vertrauensbeweis bewertet zu werden.

Gänzlich fehl am Platz sind Schilderungen des Helfers über selbsterlebte Leiden in der Absicht, den Betreuten auf einen selbst erfolgreich gegangenen Weg zu locken. Der schwache Mensch ist, ähnlich wie der Liebende, davon überzeugt, dass es Vergleichbares bei anderen nicht geben kann. Leidensgefährtenschaft erlebt er deshalb nicht als Gemeinsamkeit, sondern als Konkurrenz. Sie pflegt von dem Notleidenden mit übertrumpfender Schilderung des eigenen, überdimensionalen Elends beantwortet zu werden.

Ein Einbeziehen des Hilfsbedürftigen in die persönlichen Belange des Helfers ist für eine echte Hilfe also kaum einmal förderlich, selbst dann nicht, wenn sich der Betreute nach dem Familienleben oder dem persönlichen Befinden des Helfers ausdrücklich erkundigt. Oft stehen Fragen dieser Art ebenfalls im Dienst unbewusster Bemächtigungsversuche, die den Rahmen der Betreuung sprengen und verhindern, dass der Dienst an dem Schwachen zu einem guten Ende geführt werden kann.

Um es noch einmal zusammenzufassen: Da es das Ziel aller Hilfe sein muss, den Schwachen zu aktivieren, damit er sein Leben mutig und verantwortungsbewusst selbst in die Hand nehmen kann, muss alles vermieden werden, was die Aktivität lähmt und einschränkt. Überforderungen können ebenso den positiven Fortgang behindern wie Unterforderungen. Kleine Schritte zwischen Zuwendung und Einsatz, zwischen Geben und Nehmen, zwischen Bergen und Herausfordern, zwischen Freilassen und Grenzensetzen sind nötig, um voranzukommen. Deshalb bewährt sich die ambulante Betreuung mit fester Stundenregelung am besten. Stationäre Einweisungen sollten dagegen nicht ohne Not und zeitlich so knapp bemessen wie möglich vorgenommen werden.

Diese Grundregel gilt auch im Hinblick auf die Versuchung, den Hilfsbedürftigen eine Zeitlang in der eigenen Familie aufzunehmen. Manche Hilfsbedürftigen machen zwar bald nach Behandlungsbeginn den Vorschlag, etwa das Hausmädchen, den Gärtner, die Schreibkraft zu ersetzen. Sie wollen helfen und Kinder betreuen. Aber man hüte sich, solchen Vorschlägen naiv nachzugeben!

Die Möglichkeit zu vertiefter seelischer Hilfe kann durch zu große Nähe leicht entschwinden. Allenfalls nach Abschluss einer Therapie können auf einer neuen Basis Beziehungen dieser Art begonnen werden. Wer Patienten in einer ausweglosen Situation in seinen privaten Kreis aufnimmt, muss wissen, dass er damit die Rolle des Fachhelfers aufgibt und zum Obdachgeber wird. Das kann freilich auch gelegentlich ein Weg zur Lebensrettung sein, bedarf dann aber einer vorherigen klärenden Absprache. Der voll ins Privatleben Aufgenommene muss wissen, dass er damit die Rolle eines Familienmitglieds übernimmt. Das schließt die Notwendigkeit ein, sich den Spielregeln der neuen Welt einzuordnen. In einer solchen Situation muss vorher nüchtern abgewogen werden, ob das dem Hilfesuchenden möglich sein kann.

Schwer verwahrloste Menschen, auch Suchtkranken, kann man selten auf diese Weise helfen. Viel eher geht die gesamte Ordnung der Familie des Helfers an einem solchen sie überfordernden Versuch zugrunde. Auch das gute Herz sollte sich also nicht überschätzen. Schwerstgestörte Menschen sind selbst in Fachkliniken nur außerordentlich mühsam zu sozialisieren.

H

Halt geben

Wenn das notwendige Grenzensetzen in der Therapie nicht zu einer unsinnigen Dauerverwundung, zu einer schädigenden Fortsetzung und Wiederholung aller Zurücksetzungen, Enttäuschungen und seelischen Entbehrungen der Kindheit werden soll, dann muss dem Hilfesuchenden das Empfinden vermittelt werden, dass er gehalten wird. Er muss die Bereitschaft zur Treue, zur durchhaltenden Verlässlichkeit, zum Rück-Halt im wahrsten Sinne des Wortes in den Betreuungsstunden spüren und im Lauf der gemeinsamen Arbeit immer wieder erfahren.

Besonders wichtig ist es auf diesem Feld, dass der Bedürftige erlebt, dass der Helfer die Misserfolge des Betreuten aushält und ihn nicht aufgibt. Denn ein »hoffnungsloser Fall« zu sein, diese Erfahrung hat er in seinem Leben bisher genügend gemacht. »Wir haben es im Guten versucht, wir haben es im Bösen versucht«, klagen die Angehörigen, »aber nichts hat geholfen — nun haben wir ihn ganz links liegen gelassen.«

Zu erleben, dass sich nichts ändert an der Faulheit, der Sucht, der Gesetzes- oder Gebotsübertretung, dem Schuleschwänzen, dass sich die Regelverstöße immer wiederholen, ist schwer zu ertragen. Denn was hilft es, dass der Versager doch à la Wilhelm Busch nicht nur der Umwelt, sondern auch sich selbst immer wieder so fest geschworen hatte: »Aber nun will ich's auch ganz — und ganz — und ganz — und ganz gewiss nicht wieder tun.« Der Rückfall ist unendlich entmutigend für die Angehörigen, am meisten aber für den »Täter« selbst. Auch für ihn bedeutet diese Erfahrung doch: »Es ist gar nichts zu machen. Ich kann es nicht, ich habe keinen Willen, keine Vernunft, kein Gewissen; meine Umwelt sagt das mit Recht, ich tauge eben nichts.«

Die Gefahr, sich selbst zu verwerfen und aus Verzweiflung entweder andere oder sich selbst zu schädigen oder gar zu zerstören, ist riesengroß. Eines der Hauptfundamente der Hilfe besteht darin, dass der Betreuer künftiges Wohlverhalten nicht nur nicht erwartet, sondern die Übermacht der Versuchung als eine verstehbare, in der Vorgeschichte begründete Realität annimmt.

Es hat eine geradezu erlösende Wirkung, wenn der Betreute nach dem Geständnis, abermals bei einer Arbeit versagt zu haben, erlebt, dass der Helfer nicht in sich zusammenfällt wie ein Ballon, aus dem man die Luft herausgelassen hat — eine Haltung, die der reuige Sünder und seine Umwelt oft über Jahre praktiziert haben —, sondern mit selbstverständlichem Kopfnicken sagt: »Ja, meinen Sie denn, man merkt schon am 23. März, zwei Tage nach Frühlingsanfang, dass jetzt wirklich Frühling ist? Auf gute Folgen muss man geduldig warten. So bald kann man sich noch nicht in die Sonne legen — sie muss erst mal eine Weile scheinen dürfen.«

An solche Ermutigung lassen sich dann konkrete Überlegungen anschließen, zum Beispiel über die Arbeitsweise. Man kann den Ratsuchenden über wirksame und unwirksame Lernmethoden berichten lassen und ihm ermutigende Hinweise geben. Das unerschütterliche Beistehen, die Bereitschaft, den Unverbesserlichen nicht aufzugeben, an seinen Wert zu glauben und unbeirrt daran festzuhalten, dass auch er seine positiven Möglichkeiten finden wird — diese Haltung gibt dem Schwachen die Liebe zu sich selbst, ohne die kein Mensch zu existieren vermag, allmählich zurück.

Vielleicht mag der eine oder andere jetzt denken: Aber das geht doch gar nicht, z. B. wenn die Lage aussichtslos ist, wenn nichts vorankommt! Es geht — wenn auch gewiss nicht schnell. Manchmal wird ein Klinikaufenthalt unumgänglich. Besser sind die Erfolgsaussichten meist, wenn Betreuer und Betreuter nicht im Alltag zusammen leben. Aber allgemein gilt: Geduld zahlt sich aus. Die Lage erweist sich auf Dauer oft doch nicht als aussichtslos; plötzlich öffnen sich neue Türen, und der Rückhalt des Helfers ermöglicht es dem Betreuten, es in kleinen, zaghaften Schritten neu mit der Welt zu wagen. Kontakte entstehen, Freundschaften wachsen unversehens aus dem Boden, eine berufliche Veränderung gibt neuen Auftrieb. Wir können uns darauf verlassen: Das Leben ist im Fluss, und wenn wir den Gestrandeten erst einmal wieder ein wenig flott haben, so hilft der große Lebensstrom mit, dass eine Entwicklung, eine Veränderung zum Besseren einsetzt. Dieses Wissen, diese Erfahrung, die der Helfer in seiner Tätigkeit immer wieder macht, bewirkt Vertrauen, das eine lebensstärkende Wirkung hat. Dabei ist es von großer Wichtigkeit, auch die kleinsten Ansätze zur positiven Veränderung zu registrieren und mit anerkennender Freude auszusprechen.

Bei manchen Betreuten schlägt das Glück über die gemeinsame Freude freilich leicht um in die umwölkte Befürchtung, dass eine Veränderung zum Besseren zugleich bedeutet, dass der Helfer sich nun zurückzieht. Es ist dann nötig, diese Befürchtung zu entschärfen.

Es gehört zum notwendigen Haltgeben, dem Betreuten zu versichern, dass er selbst den Abschluss der Zusammenkünfte bestimmen kann und dass dieser nicht etwa durch die Beseitigung eines Symptoms bestimmt wird. »Das Kriterium, dass es Ihnen besser geht, ist gerade darin zu sehen, dass Sie mich nicht mehr so häufig brauchen. Sie werden eines Tages am besten wissen, wann es soweit ist«, kann man dem Schützling sagen, der sich vor dem Abreißen des Kontaktes fürchtet.

Ich weiß, dass mancher jetzt fragen wird: »Aber wenn nun doch keine Wendung zum Besseren eintritt — woher soll man dann immerfort fröhlichen, hoffnungsvollen Optimismus nehmen, ohne zu heucheln?« Dazu möchte ich sagen: Zu den unumgänglichen Fragen, die man sich nach den ersten Kontakten selbst stellen sollte, gehört die Frage: Besteht für mich die Aussicht, diesem Menschen zu helfen? Es gibt Krankheiten, die so weit fortgeschritten sind, dass eine ambulante Betreuung nicht mehr angemessen ist, und es gibt andere, die nicht in die Zuständigkeit eines Nichtmediziners fallen, sondern zum Beispiel in die des Psychiaters oder des Internisten. Es gibt Menschen, die besser von einer anderen Person betreut werden sollten, von einer Vater- oder einer Mutterfigur, einem männlichen anstelle eines weiblichen Betreuers oder umgekehrt. Man kann nicht wirklich Halt geben, wenn man die Art und Schwere der Not dessen, dem geholfen werden soll, nicht vorher an der eigenen Belastbarkeit und Fähigkeit gemessen hat.

Aber natürlich gibt es auch dieses: dass man sich verschätzt hat oder dass weit und breit ein angemessener Halt nicht gefunden werden konnte und auch, wenn der Erfolg ausbleibt, nicht zu finden ist. Es ist grausam, nicht ungefährlich und selten wirklich berechtigt, die Kontakte dann unter höflichem Hutlüften abzubrechen. Ich habe in meinem langen Therapeutenleben die beglückende Erfahrung gemacht, dass es auch ein Beistehen, ein Haltgeben in undurchdringlicher Nacht gibt, das in sich einen unschätzbaren Wert hat. Der Betreute ist dann eben doch in der Lage, weiter zu gehen — in kleinen Schritten, obgleich er hartnäckig weiter mit einer behindernden Symptomatik behaftet bleibt. Aber er steht doch, er geht doch, er lässt sich nicht fallen!

Freilich muss ich bekennen, dass ich die Vorstellung gewonnen habe, dass ein solches Haltgeben wider alle Vergeblichkeit wohl nur auf dem Boden einer kraftspendenden, transzendenten Verwurzelung des Betreuers dauerhaft möglich sein kann. Unermüdlich kann die Hoffnung wohl nur aus der christlichen Gewissheit schöpfen, dass selbst die scheinbar hoffnungslos Geschlagenen dennoch nicht Aufgegebene sind, ja, dass das Nicht-Aufgeben im Unglück höchster Wertschätzung, ja der Seligpreisung im Geist der Bergpredigt gewiss sein darf.

Der überschwer auf den Schultern des Helfers Lastende kann nur dadurch eine leichte Last werden, dass man an Golgotha den Sinn eines Übermaßes von Leiden gelernt hat und endgültiger Erlösung gewiss ist. Der so mitleidende Helfer kann gerade durch diesen Glauben mitten in der scheinbaren Ausweglosigkeit der Unheilbarkeit durch diese seine innere Einstellung ein Heil übermitteln, das den Frieden jenseits aller Gejagtheit zu erbringen vermag.

Eine solche Haltung gegenüber Menschen, die sich über lange Zeit als unheilbar erweisen, ist keine dumme wirklichkeitsfremde Lebenseinstellung. Wir haben in Deutschland bereits eine riesige Zahl von Rauschgiftsüchtigen und anderen zur neurotischen Depression und neurotischen

Verwahrlosung zählenden Fälle, an denen sich die bemühtesten und versiertesten Helfer die Zähne ausgebissen haben. Diese Situation war voraussehbar. Dass wir in wenigen Jahren ebenso viele »Engel« brauchen würden, wie es Verwahrloste und Depressive geben würde, musste für jeden, der etwas von den zäh haftenden, aus der frühen Kindheit stammenden seelischen Schäden wusste, spätestens 1970 bedrückend klar sein. Denn der Haltlos-Gewordene ist oft so schwer, dass die Belastbarkeit des menschlichen Begleiters nicht ausreicht — er braucht die überdimensionalen Kräfte eines Engels! Es ließ sich deshalb auch voraussagen, dass die nun notgedrungen aus dem Boden gestampften therapeutischen und sozialen Einrichtungen nicht ausreichen würden, um gerade den Kranken zu helfen, von denen es nun plötzlich so unermesslich viele gibt und um die man sich meist erst in einem gefährlichen Spätstadium ihres Krankseins zu bemühen beginnt.

Diese Situation hat nun aber bereits in der Helferpraxis eine grausame Konsequenz: Man ist besonders in den stationären Fällen weitgehend um diejenigen bemüht, die sich als heilbar erweisen. Die anderen lässt man — aus berechtigter Resignation — links liegen. Man hat längst die Erfahrung gemacht: Bei diesen Süchtigen mit der Landstreicherseele bleibt man doch erfolglos.

Sozialer Dienst ohne den Geist des Christentums, so erweist es sich heute, ist in dieser neuen Situation besonders leicht erschöpfbar. Das Haltgeben, das Beistehen, das Hoffen wider alle Vergeblichkeit kann allein den notwendigen therapeutischen Trotz, die zwingend notwendige Durchhaltefähigkeit erbringen. Gerade unsere Zeit, in der man sich immer wieder anmaßt, die Seele für eine Art Auto zu halten, das man lediglich beim Seelenmechaniker in die

Werkstatt zu geben braucht, um es dort frisch und flott binnen kurzem wieder abzuholen — gerade unsere Zeit erhält eine notwendige Korrektur dieser Fehlmeinung durch die bittere Erfahrung der Therapieresistenz der Süchtigen. Eine Gesellschaft, die nicht rechtzeitig zu hören bereit war, muss nun durch ihr leidvolles Krankwerden zu reifen suchen. In dieser Situation kann nur eine Einstellungsänderung helfen, die ebenso demütig wie reumütig bereit ist zur geduldigen Pflege und zum nicht nachlassenden Beistand — besonders der Unheilbaren.

Psychotherapeutische Heilverfahren sind also nicht das A und O aller Dinge. Letzte Gültigkeit erhält der Dienst des Helfers durch seine Bereitschaft, die Leidenskreuze des Lebens mit durchzutragen und nicht danach zu fragen, wann und ob sie überhaupt in diesem Leben noch einmal abgenommen werden. Dieses Durchtragen ist in sich sinnvoll. Es kann die Seele in aller äußeren Unheilbarkeit hell und heil machen, weil es in einer unerschöpfbaren Hoffnung, ja Gewissheit wurzelt. Die Weisheit Christi, dass der Glaube das Heil erwirkt, lässt sich gerade am Ende aller Erwartungen, im Zentrum der Ausweglosigkeit als reales Wunder erfahren. Der Helfer, der seine Kraft aus der Wirklichkeit des christlichen Glaubens bezieht, kann zum Übermittler dieses Geschehens werden.

I

Informiert sein

Oft reichen die angesetzten Begegnungen nicht aus, um sich mit den Gedanken, Wünschen, Fragen, Befürchtungen, Fantasien und Bedürfnissen des Hilfesuchenden hinreichend vertraut zu machen. Die Psychoanalytiker haben entdeckt, dass viele Leidende meist uneingestanden geradezu eine Tendenz entwickeln, die ganz schwarzen Wünsche, die aber häufig gerade die Ursache der Schwierigkeiten sind, zu verbergen, zu verhüllen, sie nicht zur Sprache kommen zu lassen. Scham hindert das Eingeständnis und bewirkt einen Widerstand dagegen, gerade die entscheidenden Probleme preiszugeben.

Ich will hier nicht auf die zahllosen Methoden eingehen, die man entwickelt hat, diesen Widerstand zu überwinden. Hier hat die Psychoanalyse Beträchtliches geleistet; die Fachliteratur ist fast unerschöpflich. Ich habe aber die Erfahrung gemacht, dass solcher Widerstand ohne langes, verklemmtes, oft über Monate währendes Schweigen aufgegeben werden kann, und zwar mit Hilfe der Erlaubnis, zwischen zwei Treffen an den Betreuer Briefe zu schreiben. Die meisten Menschen sind auf ein Verkehrsmittel angewiesen, um den Ort der Gesprächsstunden zu erreichen. Viele fahren lange mit dem Bus oder der Bahn, ehe sie wieder heimkommen, viele sitzen vorher noch eine beträchtliche Zeit in Cafés oder Wartesälen. Die Erlaubnis, die erlebte

Stunde nachzuarbeiten und über Unausgesprochenes schriftlich nachzudenken, vertieft den Informationsstand und führt häufig dazu, dass der Betreute sich rascher überwindet und in der folgenden Stunde leichter auf Wichtiges zu sprechen kommt. Zusätzliche schriftliche Informationen dieser Art können auch bewirken, dass der Helfer für die nächste Begegnung intensiver auf den Betreuten eingestellt ist. Wenn man sich den eingetroffenen Brief noch einmal durchliest, bevor man dem Schreiber erneut begegnet, so ist man besser auf ihn eingestellt. Der Wartende empfindet das im Allgemeinen sehr genau. Die Einstimmung auf die Stunde sollte vor der Begrüßung begonnen haben. Besinnung dieser Art zeigt rasche Erfolge.

Man sollte auch die Bereitschaft der Angehörigen, zusätzliche Informationen über den Hilfsbedürftigen zu geben, nicht rigoros unterbinden, obgleich derlei Kontakte mit aller Vorsicht zu handhaben sind.

Besonders für viele Mütter bedeutet es eine Entlastung, wenn sie die Möglichkeit zu Gesprächen mit dem Betreuer ihres Kindes haben. Gesprächsstunden dieser Art können hilfreich sein, wenn es möglich ist, den Angehörigen Rückhalt zu vermitteln. Das wirkt sich entspannend auf den Alltag des Schützlings aus und fördert dadurch den Heilungsvorgang. Kontakte mit den Angehörigen haben aber nur dann einen Sinn, wenn es der Helfer strikt vermeidet, sich zum Zwischenträger von Mitteilungen und Vorfällen zwischen dem Betreuten und seinen Angehörigen zu machen. Manche Angehörige versuchen, über solche Gespräche den Helfer zu einem Handlanger der eigenen Wünsche zu machen, ein oft unbewusster Versuch, der lediglich negative Wirkungen zeigt. Der Helfer hat die Aufgabe, eine parteilose Instanz zu sein, eine Insel, die zwar beide Parteien ansteuern können, die aber von keiner Seite für sich in Besitz genommen werden kann.

Nur wenn es zwingend und unumgänglich ist, sollte man, um ausreichend informiert zu sein, weitere Instanzen einschalten. Seelische Hilfe für einen Menschen sollte den Charakter des Intimen nie ganz verlieren, sie gehört unter den Ausschluss der Öffentlichkeit. Der natürliche, instinktsichere Mensch zieht sich aus der Gruppe zurück, wenn es um intime Angelegenheiten geht. Seelische Hilfe lässt sich auf einer Bühne nicht betreiben. Sowohl die Familien- wie die Gruppentherapie hat in dieser Gegebenheit m. E. ihre Grenze. Das entblößende Darlegen der intimsten Probleme vor der Gruppe kann zu einer Überinformiertheit der Mitglieder führen, die durch Missbrauch negative Folgen zeigen kann. Die Gefährdung der »Geheimnisse« durch Verwerfen, Verlachen oder Ablehnen durch Gruppenmitglieder kann darüber hinaus einer Entwicklung gleichkommen, die neue seelische Verletzungen bewirkt, statt alte Wunden zu schließen. Informationen über die innerste seelische Befindlichkeit eines Menschen gehören in eine taktvolle, verschwiegene Abgeschlossenheit.

Wenn sich Hilfe für Menschen zu weit von dieser Grundregel entfernt, pflegt seelische Substanz zertreten zu werden und verloren zu gehen, statt sich im Schutzraum einer persönlichen Begegnung zu konstruktiver Fülle steigern zu können.

J

Ja sagen zur Unvollkommenheit

Die Psychoanalyse legt mit Recht in ihren psychotherapeutischen Verfahren soviel Wert auf die Veränderung des Menschen durch mehr Selbsterkenntnis, durch den Abbau beschönigender Selbsterhöhung, durch das Aufdecken all der dunklen Seiten, Umtriebe, Gedanken und Wünsche in der Seele. Aber gerade weil es in vielen Fällen wichtig ist, dieses Ziel zu erreichen, möchte ich vor einer rigorosen Handhabung warnen.

Die eigene Unvollkommenheit, Schwäche, Versuchbarkeit, ja, das Erkennen und Annehmen des Bösen (bzw. die Möglichkeit dazu) in uns selbst auszuhalten, schaffen wir nicht dadurch, dass ein Helfer dem Hilfsbedürftigen mit gewaltsamem Zugriff die Maske des Selbstbetrugs vom Gesicht reißt. Wenn wir als Helfer auf diesem Feld Erfolg haben wollen, so müssen wir drei Voraussetzungen dazu ständig vor Augen haben:

1. Der Mensch hat, soweit er mit einer normalen Intelligenz und einem gesunden Hirn ausgestattet ist, grundsätzlich ein nur schwaches, allzu leicht verletzbares Selbstwertgefühl. Im Grunde spürt er wohl, dass sein Wesen nicht engelhaft ist. Da der Selbstzweifel aber die Handlungsfähigkeit mindert, ist die Verdrängung des unangenehm Negativen ein natürlicher, durch die Kindheit hindurch eingeübter Schutz zur Stärkung der

Selbstbehauptungsmöglichkeit des Menschen. Diese Gegebenheit muss uns die Einsicht vermitteln, dass

2. die Verdrängung des Unannehmbaren eine lebensnotwendige Schutzmaßnahme der Seele ist. Um es in einem Bild zu verdeutlichen: Auch die Leber bildet einen Katalysator, der absolute Lebensnotwendigkeit besitzt. Kein Arzt käme auf die Idee, sie aufzuschneiden, weil der Patient an einer Gelbsucht erkrankt ist. Im Gegenteil: Man muss sehr pfleglich mit ihr umgehen, wenn sie wieder funktionsgerecht arbeiten soll. Mit dem »Schatten« ist das nicht anders.

3. Den »Schatten« ins Bewusstsein zu bekommen, ihn anzunehmen ist nur unter der Voraussetzung möglich, dass wir das Selbstwertgefühl dabei intakt lassen. Es wäre nicht nützlich, sondern eher schädlich, wenn wir zum Beispiel einer Krankenschwester, die ihren Beruf aufgeben musste, weil sie von dem Zwangsgedanken gequält wurde, Patienten durch falsche Medikation oder vergiftetes Essen getötet zu haben, erklären, dahinter stehe ihr Wunsch, einen gehassten Angehörigen zu vernichten, selbst dann nicht, wenn uns ihr Unbewusstes das mit einiger Sicherheit so kundgetan hat.

Es wäre auch unverantwortlich, einer Mutter, die aus Angst, ihren Kindern könnte draußen etwas zustoßen, diese in gefangenschaftsähnlicher Klausur hält, hart zu erklären, dass sie im Grunde den Tod ihrer Kinder wünsche, weil sie durch sie überbelastet sei.

Und es ist Unfug, einem Studenten, der aus Angst vor radioaktiver Verseuchung nur noch bestimmte Wege benutzen kann, Knall und Fall aufzudecken, dass durch solche Angstzustände lediglich verdeckt werden soll, dass er seinen erfolgreichen Bruder durch »Strahlen«, nämlich durch Totwünschen, umbringen möchte. Solch eine Verbrecherjagd steht uns nicht im Mindesten zu.

Wir sind als Helfer angestellt und nicht dazu, Detektiv zu spielen. Wir sollen einen von Lebensschwierigkeiten geplagten Menschen aus seiner Not befreien. Das ist gewiss nur möglich, wenn wir uns täglich neu verdeutlichen, dass wir selbst bei aller Ausbildung nicht besser sind als die Hilfesuchenden. Es gibt auch Bedenkliches in uns, und dadurch, dass es einmal angenommen worden ist, ist es keineswegs abgeschafft oder in unserer Seele dauerhaft gezähmt.

Darüber hinaus — und das ist das Entscheidende — muss vor aller Bewusstmachung des Negativen eine gemeinsame Arbeit stehen, die dem Ratsuchenden Zusammenhänge einsichtig macht. Er muss verstehen, warum denn der böse Wunsch in der Seele hat so mächtig werden können, dass man ihn vor lauter Angst, er könne einmal Wirklichkeit werden, vergessen musste; denn dieser harte Verdrängungsverschluss, der der Rasanz des Wunsches nicht gewachsen war, bewirkte schließlich die Angstzustände oder den Zwang, mit dem der Leidende nun zum Helfer kam. Denn das ist eben das Wesen all dieser im wahrsten Sinne des Wortes »verrückten« Gedanken, Ängste und Zwangshandlungen: Sie künden von einem außerordentlich wichtigen, nicht einfach zu beseitigenden Problem, das der Leidende krampfhaft zu unterdrücken versucht.

Vor aller Bewusstmachung muss er also lernen, zu seiner eigenen Unvollkommenheit ein fröhliches Ja sagen zu können. Er lernt das atmosphärisch durch eine entsprechende Einstellung des Helfers zu sich selbst, die die Voraussetzung für den Geist der Brüderlichkeit ist. Er lernt das vor allem dadurch, dass man ihn mit den automatischen Abwehrsystemen der Seele vertraut und ihm einsichtig macht, in wie arttypisch uralter Weise der Selbstbehauptungstrieb sich zur Wehr setzt, wenn die Existenz des Menschen gefährdet ist.

Um es konkret zu sagen: Die Zwangsbefürchtungen einer Mutter um ihre Kinder lassen sich nicht dadurch beseitigen, dass man ihr auf den Kopf zusagt, sie sei unterschwellig eine Kindsmörderin, sondern dadurch, dass man alles Sinnen und Trachten darauf richtet, die Überbelastung dieser Frau gemeinsam mit ihr zu beseitigen, ihr zu Stunden der Muße, z. B. der Beschäftigung mit einem geliebten Hobby, verhilft. Wenn sich die Symptomatik dann allmählich abschwächt, wenn der Mensch erstarkt, kann er anhand eigener Einfälle schließlich auch die Kraft bekommen, die dunklen Gedanken anzunehmen. Dies gelingt aber nur, nachdem er gelernt hat, dass sogar die schwarzen Gedanken oft im Dienst einer guten Sache, nämlich der eigenen Lebenserhaltung und -gestaltung, gestanden haben.

Bei dem Umgang mit dem Leiden an anderen Symptomen ist das genauso. Es muss immer erst der Versuch gemacht werden, das eigentliche, meist existentiell drängende Bedürfnis, das sich oft sehr verhüllt dahinter verbirgt, zu erfassen und diesem Bedürfnis zu einer realistischen und angemessenen Befriedigung zu verhelfen. Verhaltensweisen, die das Leben mindern und schädigen, können weder dauerhaft aufgegeben werden, indem man sie verbietet, noch indem man sie abdressiert. Aber es ist meist auch nicht ausreichend, wenn wir lediglich den sich unter der Verdrängungsdecke so machtvoll meldenden vitalen Trieben, zum Beispiel der Aggression oder der Sexualität, zur angemessenen realitätsgerechten Entlastung verhelfen. In der Mehrheit der Fälle, in denen gesteigerte oder nicht mehr kontrollierbare vitale Antriebe das Erscheinungsbild der Lebensschwierigkeiten bestimmen, stellt es sich als ein verursachender Hauptfaktor heraus, dass das Grundbedürfnis des Menschen nach Entfaltung, nach Geliebt-, Angenommen- und Geborgensein in einem frühen Stadium zu kurz gekommen ist.

So zeigt es sich in der Praxis immer wieder, dass manches unerträglich aggressive Verhalten schlagartig verschwindet, wenn gelegentlich eine exklusive Zweisamkeit mit der Person realisiert wird, von der man sich vernachlässigt fühlt. Manches aufgedeckte Bedürfnis nach Sexualität erweist sich bei näherem Hinschauen vornehmlich als ein Bedürfnis nach Geborgenheit, Beschützt- und Angenommensein.

K

Körperliche Befindlichkeit beachten

Wir wissen: Körper und Seele sind eine Einheit. Nur allzu häufig ist der Körper das Ausdrucksfeld der Seele. Er bedarf also unserer nachdenklichen Mitbeachtung. Das fängt schon beim Schnupfen an. Die Mediziner wissen längst, dass der Mensch nicht einfach so ohne weiteres infizierbar ist. Seine Schwelle zur Infektionsbereitschaft muss — zumindest bei manchen Krankheiten — herabgesetzt sein, damit er sich ansteckt, und dafür gibt es mancherlei Ursachen. Eine davon ist, dass auch die Seele so deprimiert und überlastet sein kann, dass das eine Schwächung des Körpers zur Folge hatte.

Freilich — und hier bitte ich um selbstkritische Wachheit — wäre es eine grobe Verallgemeinerung, wenn man aus solchen Erfahrungen der psychosomatischen Medizin den Schluss ableiten würde, dass jeder Schnupfen, jedes körperliche Leiden eine seelische Ursache habe. Das führt zu den absurdesten Fehlschlüssen. Es ist vergeblich — wie es ein in dieser Weise übertreibender Berater tat — den Versuch zu machen, einen Schlaganfall, der linksseitige Lähmungen hervorgerufen hatte, dadurch zu beseitigen, dass man dem Kranken per Tonband Eichendorff-Gedichte, das Violinkonzert von Bruch oder Volkslieder à la Ännchen von Tharau vorspielt. Das wird dem hilflos Gelähmten vermutlich nicht schaden, aber die Vorstellung, dass der Schlaganfall durch psychische »Erlahmung«, durch Unterentwicklung der emotionalen Seelenhälfte entstanden sei (eben deshalb die linke Körperhälfte betroffen habe) und deshalb durch Belebung der Gefühlsseite geheilt werden könne, ist mystizierende Scharlatanerie. Auch der Schnupfen kann völlig unabhängig von der seelischen Befindlichkeit auftreten, etwa als Folge eines Vitaminmangels, als Folge einer konstitutionellen Schwäche des Nasen-Rachen-Raums.

Körperliche Leiden wollen wohl beachtet und in unser Nachdenken genommen werden, müssen aber zunächst dem Ressort überstellt werden, in dem sie angesiedelt sind — und das ist bei körperlichen Symptomen nun einmal die Medizin.

Es ist anmaßend und gefährlich, ein Kind, das vor dem Schulbesuch regelmäßig Bauchschmerzen bekommt, zunächst nicht zur internistischen Untersuchung zu schicken, nur weil wir wissen, wie häufig die sogenannten Nabelkoliken durch eine angstvolle funktionelle Verkrampfung der inneren Organe entstehen.

Ebenso ist es unzulässig, die Eltern eines bettnässenden Kindes teure Klingelapparate anschaffen zu lassen, bevor die Blase einer gründlichen medizinischen Untersuchung unterzogen worden ist. Ja, wir müssen im Grund noch vorsichtiger sein: Selbst wenn die Untersuchung des Arztes ohne Befund blieb, ist damit noch keineswegs der Beweis erbracht, dass das Leiden seine Ursachen im psychischen Bereich hat. Vielleicht konnte die Ursache nur nicht entdeckt werden.

Ich habe in der Familie eines Arztes, der an akuten Sehstörungen erkrankte, was die Umwelt mit Recht alarmierte, erlebt, dass ein bekannter Neurologe nach der Untersuchung die verstörten Angehörigen frage: »Wer von euch ist der Verursacher dieser seelisch bedingten Sehstörung?«

Die so Befragten senkten errötend die Augen. Vier Wochen später war der Patient tot; er hatte einen Hirntumor gehabt. Wie unsinnig wäre es gewesen, wenn man den Todkranken und seine Angehörigen aufgrund dieser Diagnose nun noch einer den letzten Frieden zerrüttenden Familientherapie unterzogen hätte!

Deshalb gilt grundsätzlich: Das Fehlen eines organischen Befundes trotz umfänglicher medizinischer Untersuchung ist kein absolut sicherer Beweis dafür, dass *keine* organische Erkrankung vorliegt. Ebenfalls nicht bewiesen ist damit, dass die vorhandenen körperlichen Beschwerden seelisch bedingt seien. Dies kann für den Nicht-Mediziner allenfalls eine fortgesetzt offen bleibende Mutmaßung sein. Anhaltende körperliche Beschwerden gehören eventuell auch zu wiederholten Untersuchungen in die Hand des Arztes.

Mit dieser kritischen Einstellung im Hintergrund lassen sich freilich oft sehr erfolgreich manche körperlichen Leiden mit psychologischen Hilfsmitteln therapieren. Wenn eine Pflanze so eingeengt ist, dass sie sich nicht entfalten kann, verkümmert sie. Wenn man darauf mit noch größerer Einengung durch ganz viele Schutzhüllen reagiert, so chronifiziert sich die Verkümmerung und führt schließlich zur irreversiblen Einbuße an Wachstum. Bei vielen körperlichen Leiden im Kindesalter kann das ähnlich sein, zum Beispiel bei den endlosen Anfälligkeiten, Pseudokrupps, Bronchitiden, bei den Hautproblemen und dem Asthma bronchiale.

Freilich bilden die »überbehütenden« Mütter oft lediglich die gemeinsame Kategorie der ängstlich-sorgsamen

Verantwortungsbewussten und damit die typischen Chronifizierer, hingegen selten einmal die Verursacher der Leiden. Das Ziel der Betreuung kann deshalb nicht heißen, diese Mütter nach einem Tribunal der Schuldzuweisung durch die Helfer auszuschalten und zu verdammen, sondern der zarten Pflanze Kind unter ihrer Obhut nach beratender Anleitung zu soviel Robustheit, zu soviel körperlicher Ertüchtigung wie möglich zu verhelfen.

Wichtig ist es auch zu beachten: Es ist keineswegs jedes körperliche Leiden, das nach einhelliger Expertenmeinung psychische Ursachen hat, mit Psychotherapie heilbar. Hat die Krankheit erst einmal durch einen chronifizierten Fortgang eine körperliche Veränderung hervorgerufen, so entwickelt sie die Eigengesetzlichkeit körperlicher Leiden, die dann nicht mehr mit psychotherapeutischen Heilmethoden zu beseitigen sind.

Natürlich ist es wichtig, körperliche Veränderungen auch innerhalb der Sitzungen sehr genau zu beachten. Geweitete Pupillen, schnaufender Atem, schweißnasse Hände sind in der Regel ein Zeichen von Erregung, oft von Angst. Es gibt freilich auch gespieltes Angstschlottern und den gespielten Schwächeanfall, ganz einfach mit der Absicht, den Helfer zu mehr körperlicher Nähe zu bringen. Es ist wichtig, das zu beachten, aber es ist keineswegs angebracht, sofort und unumgänglich zu erkennen zu geben, dass man die Absicht durchschaut. Während solcher »Anfälle« ist es besser, sie zu übergehen, um dem »Theaterspielenden« die Beschämung der Entlarvung zu ersparen und ein rechthaberisches Verstärken des Scheinsymptoms zu unterbinden. Erst nach Abklingen der unangemessenen Versuche sollte dem Leidenden sein Arrangement bewusst gemacht und ihm die Hintergründe seiner Bemühung verstehbar gemacht werden.

Andererseits sollte man sich vor Überdeutungen peinlichst hüten; man macht sich damit vor dem Hilfesuchenden lächerlich und unglaubwürdig. Nicht jede Schläfrigkeit z. B. sollte dem Ratsuchenden als eine mangelnde Bereitschaft zur Mitarbeit vorgeworfen werden — sie kann auch ganz trivial in einer einfachen Überanstrengung ihre Ursache haben.

Die »Organsprache« der Seele ist nach meiner Erfahrung in manchen Fällen eine ungerechtfertigte Überdehnung des im Allgemeinen so wahrheitsträchtigen analogen Denkens. Zwar haben die Haarausreißer meist eine verzweifelte Wut auf sich selbst, zwar »scheißen« die Einkoter den Angehörigen meist wirklich etwas, zwar kann wohl wirklich aus Ärger die »Galle überlaufen«, aber die Hintergründe solcher Symptome und die Wege zur Heilung sind selbst bei solchen teilweise berechtigten Analogien viel verschlungener und komplizierter, als dass ganz allgemein jedes körperliche Leiden, jedes vorübergehende Wehwehchen als bedeutsamer Ausdruck eines heimlichen, seelischen Bedürfnisses verstanden werden dürfte.

Mit Recht hat sich eine um wissenschaftliche Exaktheit bemühte Medizin im letzten Jahrhundert gegen monomane Psychosomatiker dieser Art immer wieder zur Wehr gesetzt. Aber im Bewusstsein der Gefahr eines unzulässig übersteigerten analogen Denkens dürfen, ja sollten wir im Umgang mit Hilfsbedürftigen, die auch körperliche Beschwerden haben, die Teilwahrheit, dass der Körper ein Spiegel der Seele ist, dennoch nicht aus dem Auge verlieren.

L

Lieben

Eigentlich habe ich dieses kleine Helferalphabet nur angefangen, um dieses eine eindringlich deutlich zu machen: der Angelpunkt aller Bemühungen um seelische Hilfe für Menschen, der zentrale Buchstabe in einem solchen kleinen Katalog, muss das L sein: *Lieben.*

Zwar mag es seinen Sinn gehabt haben, dass ein Jahrhundert lang Psychotherapeuten versucht haben, sich zur emotionslosen, reaktionslosen Wand zu degradieren, vielleicht wären wir ohne diese Zone der Härte und der Kälte nicht der Naturgesetze habhaft geworden, aus deren Kenntnis später die Verhaltenstherapie entwickelt werden konnte. Aber wenn alle die wertvollen Einsichten eine praktisch fruchtbare Verwendung finden sollen, dann geht das meiner Erfahrung nach nur, wenn wir nicht weiter künstlich aus unserem Herzen eine Mördergrube machen. Der Hilfesuchende braucht unsere Liebe und unseren Sachverstand – das eine ohne das andere stößt doch bald an eine Grenze, bleibt unwirksam oder schadet gar mehr, als es nützt.

Lieben heißt nicht – schon ganz und gar nicht in der Verbindung mit Sachverstand –, den Menschen grenzenlos zu verwöhnen. Im Gegenteil: das Grenzensetzen, das Loslassen, das Freigeben gehören zu den zentralen Teilbereichen des Liebens. Aber das Entscheidende – und in den Schulen der Psychologie eben nicht mit Nachdruck Gelernte — ist eine grundsätzlich vor jeder Begegnung neu zu gewinnende Einstellung zum Hilfesuchenden. Ich habe diese Haltung im Hinblick auf die Einstellung zu den Hilfesuchenden mit dem Wort »Brüderlichkeit« umschrieben — eine Haltung, die aus der Vorstellung der Gleichgestelltheit, der Gleichwertigkeit fließt.

Das Verbindende, Gemeinschaftliche zwischen zwei Brüdern besteht darüber hinaus darin, dass sie durch die Abstammung vom selben Ehepaar und durch deren Betreuung verbunden waren und zumindest durch die Kindheit hindurch im Allgemeinen in einer Schicksalsgemeinschaft lebten. Die Verbundenheit von Geschwistern, ihre gegenseitige Liebe ist durch einen gemeinsamen Bezugspunkt entstanden. Sie sind ungleich, aber dennoch an einem gleichen Band. Sie gehen verschiedene Wege, aber sie haben das gleiche Ziel und den gleichen Ursprung — eben weil sie die Kinder derselben Eltern sind.

Ich will damit verdeutlichen: Es kann keine Brüderlichkeit zwischen Menschen geben, wenn ihr gemeinsamer Ursprung geleugnet wird. Es kann erst Liebe zu einem Bruder geben, wenn man ihn als ein auch von Gott geschaffenes, vom selben Vater geliebtes Kind verstehen kann. Hier hat die Psychoanalyse bisher ihren blinden Fleck und ihre Verdrängungsneurose gehabt. Dies hat sie aber auch um die Möglichkeit breit gefächerter Heilerfolge gebracht; denn der Mensch ist auf Liebe hin angelegt, er lebt eben nicht vom Brot allein. Er entfaltet sich erst, wenn die Vorleistungen verlässlicher, opferbereiter, gegenwärtiger Liebe von den Angehörigen erbracht wurden.

Die Mehrzahl seelischer Schwächungen entsteht durch Mangel oder Unangemessenheit an Liebe! Deshalb besteht eingestanden oder uneingestanden, gewollt oder ungewollt ein erheblicher Teil aller Bemühungen um seelische Heilung darin, dieses Defizit abzubauen oder die Folgen der Unangemessenheit in der Zuwendung so zu revidieren, dass der seelisch Geschwächte gesund wird, und das heißt, dass er lieben und arbeiten kann.

Natürlich ist dieses Postulat: »Ihr müsst die Hilfesuchenden lieben« keine Aufforderung zu geheucheltem Gefühlsüberschwang. Brüderliche Liebe ist ebenso herzlich wie nüchtern, ebenso unverbrüchlich wie robust. Sie kennt auch den aufmunternden Knuff und die unverblümte Offenheit. Aber die brüderliche Nächstenliebe zwischen Erwachsenen kennt keine falschen Überlegenheitshaltungen, sie respektiert den anderen so, wie er ist, als einen auch von Gott, aber mit seiner besonderen Eigenart Erschaffenen. Ein Bruder kann den Hilfesuchenden mit den Augen des liebenden Vaters sehen, der diesen Mitmenschen ebenfalls liebt. Aus dieser Sicht entstehen Warmherzigkeit, Respekt, Barmherzigkeit und Mitverantwortung für den, der Hilfe sucht.

Diese Liebe ist im harten Helferalltag nicht einfach jederzeit verfügbares Gefühl. Sie ist ein *Gebot*, dessen Verwirklichung immer wieder Überwindung kostet. Sie hat eine Hinwendung zum Ursprungsort aller Liebe zur Voraussetzung, wenn sie nicht leere Farce, romantische Duselei oder versteckter neurotischer Eigennutz sein will. Aus solcher Orientierung des Helfers an der Quelle aller Liebe erwächst eine Möglichkeit der Identifikation, die gleichzeitig Abstand hält. Dann gibt es ein in die Tiefe des anderen vordringendes Gespür, das dennoch keine Inbesitznahme ist. Dann wächst Vertrauen, das im christlich-religiösen Orientierungspunkt des Helfers seinen festen Grund hat.

Diese Liebe vermag auch zwischen zerstrittenen Parteien, zwischen Eltern und Kindern zu vermitteln, statt durch einseitige Parteinahme zu ängstigen und zu verstören.

Ohne die Grundvoraussetzung einer solchen brüderlichen Liebe gibt es auch keine echten und dauerhaften Erfolge der Gruppenpsychotherapie bei Jugendlichen und Erwachsenen. Gruppendynamik, die sich nur den uralten Reaktionsformen des Herdentriebes und der Hackordnung überlässt, bewirkt Rückfall in einen Herdenzustand, von dem man sich in Kulturvölkern gerade — und das macht ihr Wesen aus — in jahrhundertelangen, zähen Bemühungen abzuheben versuchte.

Es nützt keinem geplagten Menschen, auf die Stufe des Heringsschwarms abzusinken. Die Angleichung an den Geist der Gruppe vermittelt zwar Geborgenheit und damit auch eine gewisse beschützte Zufriedenheit; aber sie sättigt das generelle Bedürfnis des Menschen nach individueller Ausformung seines Lebens nicht. Abgesehen davon gehört es zu den Gesetzen archaischer Gruppen, dass der von der Norm abweichende Einzelne ausgestoßen, häufig auch zu Tode gequält oder gehetzt wird — und diese Sündenbockrolle hat in den gruppendynamischen Sitzungen der Wehrloseste, der Schwächste, der Elendste manchmal bis zum bitteren Ende zu spielen, weil die archaische Gruppe auf solche brutale Weise ihren Zusammenhalt festigt.

Es gibt sicher auch wirksame und sinnvolle Gruppenpsychotherapie; sie kann umso erfolgreicher sein, je klarer die Tatsache allen Beteiligten bewusst ist, dass der Mensch des Menschen Wolf zu sein vermag, ja, wenn darüber hinaus vom Helfer immer wieder auf die Grundregel, die Verpflichtung zur brüderlichen Liebe, hingewiesen wird. Denn nur auf dieser Basis kann sich der Mensch der Achtung vor dem anderen befleißigen, so dass Taktgefühl und Anstand gelebt werden können. In diesem Geist ist es möglich, sich auch in Gruppen gegenseitig voranzuhelfen und eine Solidarität zu entwickeln, die nicht durch die Mehrheit erzwungen, sondern von der Verantwortung füreinander als Diener an einem gemeinsamen Werk getragen wird.

Eine solche Haltung des Liebens kann auch unterschiedliche Stellungen und hierarchische Strukturen zulassen. Rasenmähermethode, die alles auf die gleiche Höhe stutzt, wird unnötig und schädigend ablehnenswert, wenn in der Gemeinschaft durch ihre Auffassung, dass Leben Dienst an der Schöpfung ist, erkannt wird, dass es unterschiedliche Aufgaben und ihre verschiedenen Sachwalter geben muss. Wenn die verschiedenen Aufgaben als gleich wert und gleich wichtig erkannt würden, brauchte es keinen Hass zwischen Arbeitern und Unternehmern, zwischen Dienenden und Führenden zu geben. Wenn der Akzent mehr auf dem aus der Liebe erwachsenden Tun für die Gemeinschaft als auf dem Erwerb von Vorrechten läge, könnte die Ideologie des Neides weniger wuchern.

Es geht nur durch die Liebe — allerdings eine Liebe, die nicht einfach als eine Gaukelphrase, als eine aus den Angeln gerissene Tür leer im Raum des therapeutischen Wirkfeldes baumeln darf. Die Liebe ist die Tür, die einerseits nach dem Evangelium »Christus« heißt und uns mit dem liebenden Vater verbindet; andererseits die Tür, die in den Stall führt zu den schutzbedürftigen Lämmern — das heißt in den Bereich der Schwachen. Eine solche Liebe unterscheidet sich durch diesen Geist, durch dieses Bekenntnis, durch Offenheit, Klarheit und Direktheit von den Seelenverführern, die als Wölfe im Schafspelz eindringen und die Hilfsbedürftigen zu zerstören versuchen.

Es ist eine infame Strategie des Bösen, die unter ihrer seelischen Not ächzenden Menschen zu der Vorstellung zu verführen, sie allein seien die Gesunden, die an der bösen, kranken Gesellschaft so bitter zu leiden hätten, so dass es zur Aufgabe werden müsse, die Verursacher dieser Leiden kaputt zu machen — notfalls durch Bomben und illegale Hinrichtungen.

Es sind die falschen Propheten, Wölfe im Schafspelz, die im Namen des Hasses und des Neides bei den Schwachen anzukommen und sie zu gewaltsamer Gesellschaftsveränderung zu verführen suchen. Sie sind Handlanger der Zerstörung.

Die Liebe, die im Namen und im Dienst des Schöpfers in den Schafstall, sprich Helferdienst, eintritt, kann durch den gläubigen Bezugspunkt die Orientierung und den Schutz echter Gemeinschaft vermitteln, durch den auch der Schwächste, gefeit vor den Zähnen des uralten Wolfes, sein Heil findet. Mit Recht sagt Antoine de Saint-Exupéry: »Wenn uns ein außerhalb unseres Ich liegendes gemeinsames Ziel mit anderen Menschen brüderlich verbindet, dann allein atmen wir frei. Die Erfahrung lehrt uns, dass Liebe nicht darin besteht, dass man einander ansieht, sondern dass man gemeinsam in die gleiche Richtung blickt.«

M

Machtmissbrauch meiden

Unsere Zeit hat uns hellhörig gemacht für den Machtmissbrauch von Kapitalisten und Diktatoren. Ist uns auch bewusst, dass der Machtteufel in jedem Menschen — gleich
welchen Ranges und welcher Lebensform — lauert, ja, dass
auch für den sozial Engagierten und schon ganz und gar für
den Seelensachverständigen die Gefahr besteht, Macht zu
missbrauchen? Wissen, das durch Ausbildung erworben
wird, ist doch bereits, wie es sehr richtig im Sprich-
wort heißt, schon Macht. Und wo Macht ist, ist auch ihr
Missbrauch möglich. Dieser Gefahr lässt sich vornehmlich
durch Einsicht und durch die immer wache, jederzeit neu
vollzogene Entscheidung zur bewussten Absage an den
Missbrauch entgegenwirken.

Vielleicht wird mancher jetzt verblüfft fragen: »Aber
wie sollen wir denn in unserem kleinen Bereich in irgendeiner Weise Macht missbrauchen können?«

Doch, man kann. Bereits die majestätische Verschanzung, von der ich im ersten Kapitel sprach, das durchboh-
rende Fixieren mit den Augen, die Verweigerung von Antwort, das eisige Schweigen kann für den ängstlichen, be-
sorgten und unsicheren Hilfesuchenden eine kaum zu er-
tragende Machtausübung sein. Diese Handhabung kann
im Hinblick auf die Notwendigkeit, den Prozess nicht diri-
gieren zu wollen, empfehlenswert sein — aber nicht verab-

solutiert, nicht in einer solchen Totalität, wie man sie vieler-orts ausübt. Das ist nicht nur *nicht* notwendig, so hat mich die Erfahrung gelehrt, sondern geradezu hinderlich für das In-Gang-Kommen einer guten Zusammenarbeit. Ich habe oft darüber nachgedacht, warum manche Berater dieses ge-künstelte Verhalten nicht an der Erfahrung zielgerechter ab-gewandelt haben, und ich bin zu der Befürchtung gekom-men, dass sie an der Kontaktverweigerung deshalb so eisern festhalten, weil auf diese Weise versteckte Allmachtsgefühle heimlich befriedigt werden. Die Verschanzung ist eine Maske, hinter der man eigene Unsicherheit verbergen und das Be-dürfnis nach Selbstsicherheit, die manchen Helfern fehlt, stärken kann. Oft ähnelt das Verhältnis von Heiler und Hil-fesuchendem mehr der Beziehung zwischen dem Land-vogt und einem vor ihm buckelnden, die Mütze drehenden, weil unbarmherzig zur Abgabe genötigten Bäuerlein als einer gemeinsamen Wanderung eines Parzival mit seinem Gurnemanz. Ich habe nirgendwo erlebt, dass ein solches ängstigendes Verhalten der Heilung wirklich dienlich ist.

Freilich gibt es auch eine Form von Freundlichkeit, die nicht weniger abschreckt. Es ist die, die überlegene Gön-nerhaftigkeit zur Schau trägt, die den Ausführungen des Ratsuchenden mit sanft ironischem Lächeln und müder Gelassenheit begegnet. Das ist entweder ein Kennzeichen von Unsicherheit oder auch von unangemessenem Hoch-mut. Mit Recht fühlt sich der Hilfsbedürftige durch ein solches Verhalten herabsetzend behandelt und in seiner Not nicht eigentlich angenommen.

Wir können uns solche Haltungen, die dazu führen, dass zahllose Gesprächsversuche nach wenigen Stunden, manchmal schon nach einer einzigen wieder abgebrochen werden, in unserer Situation aus Verantwortungsgefühl nicht mehr erlauben. Es ist skandalös, wenn der Helfer achselzuckend — und womöglich ein gutes Honorar einstreichend — die Hilfesuchenden unbefriedigt, angstschwitzend und verzagter als vorher zurücklässt und von solchen Abbrüchen gänzlich unbekümmert bleibt. Dass das möglich ist, liegt zum Teil daran, dass die Zahl der Hilfsbedürftigen unermesslich groß ist, so dass immer neue Anwärter auf Hilfe nachrücken und eine freie Praxis selten einmal durch Mangel an Patienten einzugehen droht. Zum zweiten liegt es aber auch an einer Perversion der Einstellung zur Hilfe, wie sie sich nicht selten in unserem sozialen Bereich breitgemacht hat. Von ihr soll im Folgenden noch ein wenig ausführlicher die Rede sein.

Von Fachleuten wird immer wieder vor dem »neurotischen Helfersyndrom« gewarnt: starres Ich-Ideal, bösartiges Über-Ich, geleugnete eigene Hilfsbedürftigkeit, indirekte Wunschäußerungen einer maßlosen oralen und narzisstischen Bedürftigkeit sind seine Kennzeichen. Demgegenüber wird der *gesunde* Helfer als ein Wesen beschrieben, das in der Lage ist, »seine Arbeit am Mitmenschen in den Dienst seines Ich« zu stellen, ein Wesen, das durch Helfen fröhlich Geld verdient, um damit seine eigene Existenz zu sichern, sich die Zeit zu vertreiben, »kreativ« zu bleiben (wozu?) und »Wachstumsmöglichkeiten des Ich« (wohin?) zu verwirklichen. Das mögen reale, ehrlich eingestandene Teilmotive für helfende Dienste sein, aber wir dürfen uns dann auch nicht wundern, wenn diese Einstellung zum Helferdienst den Hilfsbedürftigen gänzlich aus dem Blick verliert, schließlich immer weniger positive Wirkung zeigt und zuletzt weniger erfolgreich ist als die von Laien.

Dem wesentlichen Kern des Phänomens Hilfsbereitschaft wird man mit einer solchen Einstellung nicht im

Mindesten gerecht. Das Wesen echter, auch gerade gesunder Hilfsbereitschaft ist nicht auf das pathologische Phänomen der »Identifikation mit dem Über-Ich« oder in der »ehrlichen Entschleierung« lediglich auf eine ein wenig skurrile Masche zum Zeitvertreib reduzierbar. Nächstenliebe beinhaltet sinnvoll gerade das Zurücktreten des Ich und seiner Belange zugunsten eines übergeordneten Wertes. Nur aus atheistischer Sichtweise lässt sich das Bemühen desjenigen Helfers, der sich im Dienst der Liebe, in der Verantwortung vor Gott dem Schwachen freiwillig zuwendet, als Abwehrmechanismus zur Verleugnung von Ich-Schwäche abwerten.

Wer sich dieser Denkweise verschreibt, wer den objektiven Wert der Kulturleistung des Menschen, sich entgegen seiner Urträgheit um den schwachen Bruder zu kümmern, nicht anerkennt, wird zwangsläufig zu einem hilfsunfähigen Helfer. Der nur scheinbar ehrliche Helfer-Egoist, dessen kümmerliches Ziel es bleibt, »sich gegenseitig in ehrlicher Auseinandersetzung zu schulen«, wird es dauerhaft schwerlich schaffen, dem Machtmissbrauch zu entgehen. Er kann den Hilfsbedürftigen eben kalt fallen lassen, wenn der »Zeitvertreib« zu unangenehm wird, wenn die Sache zu wenig »einbringt«, wenn das im Helferdienst gehätschelte Ich »frustrane« Empfindungen signalisiert.

Es ist Entartung der sozialen Arbeit, wenn der Hilfe benötigende Mitmensch zu einem Objekt des Helfenden und dessen Existenzproblemen gemacht wird. Ein solches Verhalten und eine solche Haltung lassen sich nur als Ausbeutung kennzeichnen.

Machtmissbrauch liegt in allen Fällen vor, in denen der Wille oder die Würde der Person ohne deren Einwilligung und zum Zwecke der Unterwerfung durch den rechthaberischen Willen des Akteurs entmachtet wird. Das ist in unserer Arbeit leicht möglich, wenn wir nicht aufpassen — vor allem durch niederschmetternde Diagnosen und erbarmungslose Urteilssprüche.

Freilich, es mag auch dieses geben: dass es uns unumgänglich erscheint, einen unbelehrbaren Angehörigen, einen der Klagelust anheimgefallenen oder sich nicht zu echter Mitarbeit bequemenden Patienten einmal hart anzupacken, um ihn aus seiner falschen Haltung herauszuholen. Aber ehe wir zu einem solchen Mittel greifen, sollten wir uns sehr sorgfältig fragen, ob dies angebracht ist und dem Betreuten wirklich förderlich sein kann, oder ob hier nur unsere Ungeduld oder eben das »starre Über-Ich«, das den Richter spielen will, den Motor zu solchem Tun abgibt. Das Richterspielen bringt therapeutisch selten etwas ein. Gemaßregelt, verurteilt, kopfschüttelnd verworfen worden ist der Hilfesuchende meist reichlich genug, bevor er zu uns kommt.

Wir haben kein Recht zu verdammen, selbst nicht den misshandelnden Vater; auch nicht die Mutter, die außer Haus arbeitet, obgleich ihre Kinder verwahrlosen; nicht die Prostituierte; nicht den Ehebrecher; nicht den homosexuellen Verführer von Minderjährigen; nicht das Mädchen, das mit der Abtreibung eines Kindes nicht fertig wird. Wir sollten uns vielmehr darum bemühen, nie so abgebrüht zu werden, dass wir uns nicht durch solche Schicksale in »Furcht und Mitleid« vom Elend in dieser Welt erschüttern ließen. Zum Erkennen und Bereuen schwerer Schuld findet ein Mensch jedenfalls sehr viel eher durch eine begleitende als durch eine verwerfende Haltung des Helfers.

Wir müssen uns auch verdeutlichen, dass hilfreiche Menschen in die Versuchung der »Zauberei« verfallen können.

Kraftvolle Helferpersönlichkeiten besitzen, wie man mit Recht sagt, eine »Ausstrahlung«, sie haben ein Kraftfeld um sich, das, ähnlich wie der Magnetismus, anzieht, ja geradezu bannen kann. Im Kraftfeld einer solchen Persönlichkeit kann der Wille des Anderen in sich zusammenklappen wie ein Taschenmesser. Er wird zum jederzeit willigen Werkzeug des Anderen. Mit dieser Strahlkraft lässt sich auch der Mensch verändern – zum Guten und zum Bösen. Helfer mit einer solchen Aura brauchen die demütige Abwendung von der eigenmächtigen Versuchung, den Willen des Anderen lähmen und in eine von ihnen selbst gewünschte Richtung oder gar zu eigenen Zwecken umfunktionieren zu wollen.

Der Versuchung, eine Begabung zur verwandelnden Kraft nur im eigenen Interesse auszunutzen, sollte sich jeder Helfer bewusst sein. Die magische »Hexe«, der böse »Zauberer« sind Formen der Selbstüberhöhung, die den Helfer und den von ihm »Verzauberten« in den Strudel böser Folgen der angemaßten Besitzergreifung führen können. Wissen um die Gefahr und klare zurücknehmende Entscheidung sind dann unumgänglich.

Manche Menschen scheuen die Beziehung zu Sozialarbeitern und Psychologen im Privatbereich. Sie fürchten ungebetene Analysen, sie meinen, nicht unbefangen sprechen und sich geben zu können, weil sie Angst davor haben, dass der Wissende sie durchschauen und daraus negative Schlüsse ziehen könnte. Es gibt auch wirklich Fachleute, die sich jederzeit so benehmen und x-beliebige Menschen ungebeten mit den Etiketten irgendwelcher Typisierungen und Diagnosen belegen. Das ist ebenso naiver wie unfairer Machtmissbrauch. Ja, ich meine, dass es geradezu zum Ethos des sozial Engagierten gehören sollte, sich im privaten Bereich auf das Nur-Menschliche seines Seins zu beschränken. Ich habe die Erfahrung gemacht, dass man das mit Hilfe einer bewussten Einstellung schaffen kann.

Wir können von den Menschen unserer Umwelt — auch gerade von denen, denen wir zum ersten Mal begegnen — nur dann natürliche Unbefangenheit erwarten, wenn wir selbst sie ihnen entgegenbringen. Das ist für den Fachhelfer ein zusätzlicher Akt bewusster Schenkbereitschaft — im Wissen um die Hässlichkeit einer Haltung, die Macht durch Fachwissen zur Selbsterhöhung missbraucht.

Es hat auch dieses traurigerweise immer wieder einmal gegeben; dass ein Seelenfachmann in der Öffentlichkeit das »Psychogramm« eines Politikers erstellt mit dem Ziel, dessen Wählbarkeit in Frage zu stellen. Ein unanständigerer Machtmissbrauch ist für einen Psychologen kaum denkbar. Es ist abscheuliche Kompetenzüberschreitung, die nicht einmal im intimen Bereich der Praxis erlaubt ist, aufgrund von Gestik, Mimik und vielleicht noch der Unterschrift eines Menschen öffentlich Urteile über den Charakter von Personen mit dem Ziel abzugeben, sie zu diffamieren und verdächtig zu machen. Enthüllungen jeglicher Art — Mitteilungen an andere Unbefugte, Vermittlung von Informationen über Personen, die sich uns anvertrauen, gar an die Presse, sind nicht etwa nur Machtmissbrauch, sondern darüber hinaus strafwürdige Grenzüberschreitungen.

Wir müssen uns bewusst sein, dass keiner in des Teufels Brauküche erwünschter sein kann als der »kluge« Seelenkundige. Aber der Helfer, der sein Wissen verwendet, um Menschen zu schädigen, zu quälen, zu verführen, gegeneinander aufzuhetzen und zu zerstören, ist gewiss der fürchterlichste aller denkbaren Verräter am Menschen.

Denn erst das psychologische Wissen über Menschen kann Macht in einer verheerenden Weise subtil missbrauchbar machen.

N

Nacharbeiten

Im Grunde ist es bei der Helfertätigkeit ein wenig ähnlich wie bei gutem Schulunterricht: beide bedürfen der Nacharbeit und einer sich einstimmenden Vorbereitung. Es ist deshalb sinnvoll, nach jeder Begegnung mindestens eine Viertelstunde Pause zu machen. Es ist nicht gut, direkt während des Gesprächs mitzuschreiben, was der Hilfesuchende sagt. Der Abstand wird dadurch viel zu groß. Der Helfer klebt am Schreibblock — der Suchende fühlt sich wie in einem Verhör. Er muss aber angenommen, beschützt, umfangen sein. Das gelingt nur, wenn man einander zugewandt ist und sich immer wieder einmal anschauen kann. Dennoch erhöht es die Wirksamkeit der Hilfe, wenn die wichtigsten Eindrücke der Sitzung festgehalten werden — erstens als Erinnerungsstütze und zweitens als ein *nach*denkender Akt im wahrsten Sinne des Wortes. Manche Einsicht geschieht erst während eines solchen vertiefenden Prozesses, manchmal fällt uns der Sinn des zunächst unerklärlichen Verhaltens oder Berichtens erst nachträglich ein.

Kürzlich bat mich eine junge Mutter um einen Rat zur Sauberkeitsgewöhnung ihres ältesten, dreijährigen Kindes, einer Tochter, die — sonst bereits sauber — zunehmend häufiger wieder einnässte. Vieles war zur Sprache gekommen, so z. B. auch die die Mutter kränkende Erfahrung, dass dergleichen Missgeschick bei den häufigen Besuchen des

Kindes bei der Großmutter nie geschahen. In den Mittelpunkt unseres Gesprächs war schließlich das Problem der Eifersucht des Kindes auf den einjährigen Bruder gerückt. Mit einigen Tips, wie die Mutter ihr Kind besser verstehen könnte, waren beide entlassen worden.

Aber während ich mir unmittelbar nach dem Gespräch einige Notizen für meine eigene Kartei machte, kam mir ein vorher nicht so deutlich wahrgenommenes Detail wieder zu Bewusstsein: Mehrmals hatte die Mutter während des Gesprächs mit einem plötzlich sich verhärtenden Gesichtsausdruck hervorgestoßen: »Hören soll sie!« Diese Beobachtung machte mich auf einen neuen Zusammenhang aufmerksam. Ich hatte es unterlassen, der Mutter etwas vom Sinn der Trotzphase zu erzählen, hatte sie nicht davor gewarnt, bei einem Kind in diesem Alter Gehorsam mit Gewalt erzwingen zu wollen. Mir wurde jetzt erst klar, dass nicht nur Eifersucht der kleinen Jessica auf ihren Bruder ihr Verhalten erklärte, sondern auch die Eifersucht der jungen Frau auf die ihre Enkelin sanft und erfolgreich lenkende Schwiegermutter. Rivalität und Angst um den Verlust ihres erzieherischen Prestiges hatten bei der Mutter zu unangemessener Strenge, zu starren Gehorsamsforderungen gegen das Kind geführt. Auf Grund meines *Nach*-Denkens konnte das zweite Gespräch vierzehn Tage später zu einem wesentlich wirksameren Erfolg führen als das erste.

Eine kleine, die Schwerpunkte des Gesprächs festhaltende, schriftliche Nacharbeit hat also einen vertiefenden Wert. Wichtig ist auch, immer wieder einmal die Notizen und Ergebnisse bisheriger Gespräche zur Hand zu nehmen und zu prüfen, ob sich die vorläufigen Mutmaßungen im Verlauf weiterer Gespräche bestätigen. Je regelmäßiger eine solche Nacharbeit in kurzen Stichworten festgehalten wird, umso wirkungsvoller ist die Vorbereitung auf das Gespräch, umso weniger Zeit geht mit Umstellen und Einstellen auf den Hilfesuchenden zu Beginn der Begegnung verloren.

Gelegentlich zwingt Außergewöhnliches zu einer besonderen und intensiven Nacharbeit: Das Gespräch hat einen unguten Verlauf genommen. Der Kontakt kam nicht zustande, oder er wurde von dem Hilfesuchenden nach zunächst gutem Anlauf plötzlich abgebrochen. Oder der Hilfsbedürftige begann plötzlich, auf den Helfer zu schimpfen oder ihn wegen seiner unzureichenden Hilfe anzuklagen. Oder der Hilfsbedürftige berichtet genüsslich, wer was alles negativ über den Helfer denkt — taktloserweise womöglich andere Helfer, die der Ratsuchende gleichzeitig in der gleichen Angelegenheit aufsuchte. Unangemessenheit vielfältiger Art im Kontakt mit Menschen ist ja häufig sehr grundsätzlich der zentrale Hintergrund, der den Rat Suchenden hilfsbedürftig machte. Verhaltensstörungen entstehen schließlich nur allzu oft dadurch, dass die einst geängstigte Seele nun in einem unbewussten Automatismus gegen jeden, der ihr begegnet, aggressiv wird. In solchem unrealistischen Wiederholungszwang setzt sie sich gegen die einmal erlebte Bedrohung zur Wehr.

Für den Helfer, dem derartige Projektionsmechanismen nicht bekannt sind, wirkt ein solches Verhalten befremdlich, kränkend und deshalb abstoßend. Besonders in solchen Fällen ist ein nacharbeitendes Überdenken des Gesprächs unumgänglich. Dabei ist es außerordentlich lohnend, in gewissenhafter Selbstprüfung zu überlegen, ob man etwa selbst das unangemessene Verhalten des Gesprächspartners ausgelöst hat und durch welches Wort das geschehen ist. Oft kann das ein Hinweis auf eine alte seelische Verletzung des Ratsuchenden sein, so dass die folgende Stunde durch entsprechendes Nachfragen an Tiefe und Wirksamkeit gewinnt. Notwendig ist es manchmal aber auch, eine eventuelle Kränkung allein zu verarbeiten, entweder durch ein Verstehen der Unangemessenheit und die Einsicht, dass die Aggression in der Tiefe der Seele gar nicht dem Helfer gegolten hat, oder auch durch ein Bemühen um vergebende Souveränität. Hier kann das Gebet dem christlichen Helfer eine große Stütze sein.

Zur Nacharbeit von missglückten Gesprächsstunden gehört aber auch die selbstkritische Frage nach dem eigenen Verhalten. War ich selbst vielleicht taktlos, drängend, pharisäisch, abweisend, unaufmerksam, und wenn ja, warum? Ist durch die Problematik des Gesprächspartners ein eigenes Problem zur Sprache gekommen und hat sich damit unzulässigerweise vermischt? Riss das Verhalten, das Aussehen, die Sprechweise, der Geruch oder sonst eine Eigenart des Gesprächspartners eine Verletzung aus eigener unbewältigter Vergangenheit wieder auf? Das alles gehört zur Nacharbeit und wird in der eben geschilderten Weise zwingend, wenn die Zusammenarbeit misslang.

Manchmal ist es in solchen Situationen sogar nötig, einen erfahrenen Psychotherapeuten um Rat zu bitten, zumal wenn sich herausstellt, dass ähnliches Missgeschick dem Helfer immer wieder in den Beratungsgesprächen geschieht. Das kann ein Zeichen dafür sein, dass hier Verdrängungen ins Spiel geraten sind, deren Bewältigung dem Helfer bisher noch nicht gelungen ist. Überhaupt ist es ideal, wenn Laienhelfer die Möglichkeit haben, Supervisionsgruppen bei gestandenen Psychotherapeuten in Anspruch zu nehmen.

Noch eins: Es ist von großem Wert, in die Kartei, in die

die Ergebnisse der bisherigen Gespräche geordnet sind, Einblick zu nehmen, bevor ein Ratsuchender, der schon einmal einen Besuch beim Helfer gemacht hat, erneut nach seiner vorherigen Anmeldung kommt. Die neue Begegnung bekommt dann von vornherein den freudigen Akzent des Wiedersehens und Wiederfindens von etwas Vertrautem. Das ist besonders für Menschen, die nur gelegentlich zum Gespräch kommen und die in der langen Zwischenzeit im Geist des Helfers zu leben versucht haben, ein ihnen geradezu zustehendes Erlebnis. Man enttäuscht eine berechtigte Erwartung, wenn man den Gesprächspartner, mit dem man einmal lange und vertraulich gesprochen hat, nicht wieder erkennt und sich nicht mehr an ihn erinnert.

Nach meinem langen Therapeutenleben bedauere ich immer wieder, dass ich nicht vom ersten Patienten an in der Praxis gleichzeitig systematische Forschung betrieben habe — Forschung mit den immer gleichen Fragebögen, den immer gleichen Intelligenz- und Persönlichkeitstests. Ich hatte dergleichen Intentionen nicht. Ich wusste damals noch nicht, dass man in Zukunft belegte Erfahrung für null und nichtig erklären, dass man nur Großstatistik und Großbefragung als »wissenschaftlich relevant« anerkennen würde. Ich hielt es noch lange für möglich, von der Praxiserfahrung her auf allgemeine neue Gefährdungen hinzuweisen und mit Vorschlägen zur vorbeugenden Veränderung gehört zu werden. Aber dann zeigte sich, dass unsere einschlägigen Instanzen in Bezug auf die seelische Schwächung der jungen Generation gänzlich harthörig blieben. Selbst als das Ansteigen der negativen Sozialindikatoren sich in den statistischen Jahrbüchern abzuzeichnen begann, erklärte man, Vorbeugung nicht nötig zu haben, da »die Kausalitäten nicht belegt seien«.

Meine »Belege« galten freilich auch nicht, als ich recht spät mit systematischen Versuchen begann (denn wie wenig relevant ist schon eine einzige Praxis in einer Kleinstadt in Norddeutschland!). Ich habe es so erlebt: Wenn man Erfahrungsergebnisse nicht annehmen will, dann findet man in den Humanwissenschaften immer leicht eine Möglichkeit, ihnen »Wissenschaftlichkeit« abzusprechen.

Dennoch möchte ich Beratern empfehlen, ihren Dienst von vornherein zu systematisieren, so dass die Ergebnisse selbst für einen positivistischen Wissenschaftsbegriff so annehmbar wie möglich sind. Das Lernen an der Erfahrung macht umso mehr Spaß, je mehr man sich die Möglichkeit zum Bilanzziehen offen gehalten hat. Auch Strichlisten und nicht nur Traumdeutungen können zu überraschenden Einsichten führen!

O

Ortsgebundenheit pflegen

Wie lange haben wir gebraucht, bis wir erkannten, was den kleinen Niemandskindern in ihrer ersten Lebenszeit so besonders viel Schaden zufügt: dass sie weder in einer Person noch an einem Ort verwurzelten, dass sie keine Heimat finden konnten, weil man mit ihnen sogar von Lebensalter zu Lebensalter den Ort wechselte: vom Säuglingsheim in der Heide zum Krabbelkinderheim in der Göhrde, vom Heim für Drei- bis Sechsjährige in Lüchow zum Heim für Schulkinder in Uelzen.

Seelische Erkrankung hat in vielen Fällen etwas mit dem Gefühl von Heimatlosigkeit zu tun. Deshalb gehört es zu den wichtigsten Voraussetzungen bei vielen Suchenden heute, ihnen einen heimatlichen Ort zu bieten, ihnen als eine beheimatete Person zu begegnen. Deshalb ist der gleiche Ort zur gleichen Stunde der Begegnung ein so sinnreicher Wert! Deshalb ist eine Örtlichkeit, die nicht in einem riesigen Gebäude, in einer Institution mit vielen labyrinthartigen Gängen und Irrwegen zu suchen ist, viel eher angemessen. Intim muss es sein, abseits muss es sein, privat sollte es am besten sein.

Freilich: Zweier Personen bedarf auch die intimste, privateste Praxis. Es ist besser, es gibt einen — nach Möglichkeit immer gleichen, die Personen dann auch kennenden und freundlich ansprechenden — »Pförtner«, einen, der aus dem Mantel hilft und im Vorraum den Platz anweist. Dort sollten nach Möglichkeit nicht noch andere Menschen warten. Ein Ratsuchender, mit dem eine bestimmte Zeit verabredet ist, hat das Recht, nun allein gemeint zu sein — nun nur er allein. Da viele Nöte ihre Wurzeln darin haben, dass andere ihm immer den Rang abliefen, andere immer schneller und erfolgreicher waren, ist es therapeutisch notwendig und wirksam für den Suchenden, dass nun der Helfer für ihn und sein Problem, voll und ganz auf ihn allein eingestellt, zur Verfügung steht.

Sowohl im Warteraum wie im Sprechzimmer sollte es schlicht zugehen. Pracht schreckt, erzeugt heute auch rasch den so allgemein hochgezüchteten Neid, erweckt Aggressionen, macht mit Recht misstrauisch, ob man nicht vielleicht doch einem Ausbeuter in die Hände gefallen ist, dessen Honorare unbezahlbar sind.

Für Gespräche mit mehreren Personen, etwa einer Familie, sind mehrere Räume nötig. Immer sollten die Eltern auch ohne die Kinder, die Kinder auch ohne die Eltern Gelegenheit haben, mit dem Betreuer unter vier Augen sprechen zu können. Dabei muss man sich vor Lauschern an der Wand abschirmbar machen. Bei den Beratungsgesprächen sollte man sich zusammensetzen — im wahrsten Sinne dieses Wortes. Besser als weiche Sessel sind Stühle um einen Tisch; denn es handelt sich schließlich um eine gemeinsame Arbeitssitzung, eher in einem zu kleinen als in einem zu großen ungemütlichen Zimmer. Die Begegnungen bei fortlaufender Betreuung sollten nach Möglichkeit immer im selben Raum, immer auf demselben Platz, immer von derselben Person durchgeführt werden. Unnötigen Wechsel zu vermeiden gehört gerade bei den Therapien mit jungen Leuten zu den Voraussetzungen einer wirkungsvollen gemeinsamen Arbeit. Nur im Notfall sollten der Pförtner und der Betreuer ihre Rollen tauschen. Auch die ersten heimatgebenden Personen im Leben eines Menschen sind im Grunde nicht austauschbar. Da man gerade in den letzten Jahrzehnten bei den Kleinkindern so getan hat, als sei das möglich, haben viele Jugendliche gerade hier ihre Orientierungslosigkeit erworben. Sie müssen an der festen Bezugsperson wieder neues Vertrauen zur Welt lernen.

Ich glaube auch, dass die Couch des Analytikers, also die Liegehaltung des Patienten, dem der Behandler ohne die Möglichkeit zum Blickkontakt am Kopfende sitzt, allmählich mehr und mehr aus dem Gesprächsraum verschwinden wird. Sie mag bei relativ gesunden Personen, bei Lehranalysen z. B. zweckmäßig sein. Die meisten jungen Menschen heute kommen aber viel leichter dazu, ihren Einfällen Raum zu geben, wenn der Helfer dem Rat Suchenden gegenüber sitzt, am besten nicht im Winkel von hundertachtzig, sondern von neunzig Grad. Ich habe mir zu diesem Zweck vor einem halben Menschenalter eine Ecksitzbank angeschafft, die Raum lässt — auch für unruhige Menschen — und die eben, wenn auch über Eck, die beiden Sprechenden unter der pfleglichen Einhaltung eines kritischen Abstandes gleichzeitig miteinander verbindet. Diese Anordnung hat sich sehr bewährt. Auch eine Übertreibung in Gemütlichkeit, etwa durch Sessel, in denen man versinkt, ist unangemessen. Gespräch zur seelischen Hilfe heißt grundsätzlich nicht Aufforderung zur bequemen Passivität, kein Zurück in den Kinderwagen, sondern Aktivierung von Selbsthilfe und Eigenverantwortung.

Für eine helfende Betreuung von Kindern braucht man ein wenig mehr Raum, aber allzu viel ist auch dabei eher nachteilig als förderlich. Für besinnliche Spiele — Brettspiele, Kasperle-, Rollen- und Fantasiespiele — reicht das Sprechzimmer aus. Ein Kellerraum oder im Sommer ein Gartenplatz zum Ausagieren angestauter Aggressionen oder anderer vitaler Impulse können es sinnvoll ergänzen. Durch Paläste institutionalisierter Kinderpsychotherapie wird die Wirksamkeit der Behandlungen nicht zusätzlich erhöht. Entscheidend ist vielmehr die dauerhafte, intime Zweisamkeit zwischen Kind und Helfer, ein gefühlsoffener Freiraum, in dem sich auch das Unbewusste des Kindes hervorwagen kann. Luxuriöse Weiträumigkeit, übertrieben üppige Einrichtungen sind noch niemals notwendige oder empfehlenswerte Umwelt zu seelisch gesunder Ausreifung des Menschen gewesen.

Die heimatgebende Ortsgebundenheit ist eine besonders wichtige Voraussetzung für einen guten Betreuungsverlauf, gewissermaßen die Basis dafür. Abwandlungen schaden mehr, als dass sie nützen.

Es ist meist nicht förderlich, wenn der Helfer den Hilfesuchenden zu häufigen Beratungen in dessen eigenen Räumlichkeiten aufsucht. Eine solche Handhabung kann das Beharren im alten Status leicht einmal festschreiben. Der Betreute kann seine Änderungsbereitschaft nicht im gleichen Maße in Bewegung setzen, wenn er der Gastgeber ist. Für den Helfer besteht nicht ohne weiteres die Möglichkeit, eine ungestörte Atmosphäre zu schaffen. Das liegt dann nicht in seiner Hand. Der Hilfesuchende fährt viel häufiger mit den eingebahnten negativen Verhaltensweisen fort, als dass er sich um eine Veränderung in der Lebensgestaltung bemüht. Außerdem kann der Therapeut dann unversehens in die Falle nicht vorhersehbarer neurotischer Arrangements und in die dann kaum dirigierbaren Einmischungsversuche von Angehörigen geraten. Das alles mag aufschlussreich und interessant sein, kann den Erfolg, ja den Fortgang einer erfolgreichen Betreuung aber rasch in Frage stellen. Das heißt natürlich nicht, dass sich nicht von Fall zu Fall die Notwendigkeit ergeben könnte, von dieser Grundregel eine Ausnahme machen zu müssen.

P

Projektionen einordnen

Im Grunde ist es überflüssig, in einem solchen Ratgeber auf das Vorhandensein so genannter Projektionsmechanismen in jedem Menschen hinzuweisen. Die Tatsache, dass der Mensch dazu neigt, seine eigene Seelenschwärze dem Anderen anzulasten, damit er selbst in umso hellerem Licht erscheinen möge, ist eine bekannte, gewiss nicht zu beseitigende, aber im Einzelnen auch sehr aufschlussreiche Grundgegebenheit von uns Menschen. Aber wir brauchen deshalb auch gar nicht mit so viel Ungeduld zu reagieren, wenn der Hilfesuchende in seinen Erzählungen gewissermaßen vom Hundertsten ins Tausendste gerät und uns umständlich von Menschen berichtet, die mit der Problematik eigentlich gar nichts zu tun haben. Er berichtet damit eben doch auch von sich selbst – von seinen Wünschen, Befürchtungen, seinem verdrängten »Schatten«.

In diesem Bereich gehört es auch, dass nach mehr oder weniger kurzer Zeit der Bekanntschaft der Hilfesuchende manchmal mit dem Helfer unbewusst so umzugehen sucht wie mit einer zentralen Bezugsperson seiner Kinderjahre und an ihm seine damaligen Konflikte, Spannungen, Enttäuschungen, Aggressionen und unerfüllten Wünsche abzumachen sucht. Das ist konstruktiv und kann zu entscheidenden Korrekturen verhelfen, wenn es streckenweise auch enorm strapaziös ist. Freilich entlastet es auch. Ein

Patient, der mündlich und schriftlich mitteilt, dass er seinen Helfer hasse und auch schon daran gedacht habe, ihn »umzulegen«, der als Tagtraum erzählt, dass er ausfantasiert habe, ihm zum Weihnachtsfest ein Paket mit Fäkalien zu schicken, einer, der sich einen sexuellen Bezug zu ihm vor dessen Ohren ausmalt, mit dem kann man gelassener und angstloser umgehen, wenn man erkannt hat, dass hier alte Wut, alter Inzestwunsch, alte Reaktionen auf Verletzungen ausagiert werden. Man übersteht die Phasen massiver Anwürfe leichter, wenn man sich durch Wissen dieser Art gegen Kränkungen und Angst immunisiert hat.

Analytiker haben auch herausgefunden, dass der Helfer dazu neigt, auf eine solche irreale Verhaltensschablone mit einer Gegenschablone zu antworten — ein Gefüge, das der selbstkritischen Bearbeitung bedarf, wenn es nicht zu einer neurotischen Beziehung entarten und in ihr erstarren soll.

Mir scheint in diesem Zusammenhang aber nötig, im Bewusstsein zu behalten: Es ist unangemessen klischeehaft, in jedem Verhalten bereits eine Projektion, in jeder ein wenig unangenehmen Äußerung sofort eine Übertragung zu sehen. Ein solches sofortiges Einordnen in die gelernten Kategorien kann bewirken, dass man manche Äußerung missdeutet und in eine Schablone presst, in die sie nicht gehört.

Es gibt nicht nur die projizierte Schwärzung, es gibt auch objektive Missstände, es ist nicht jeder Mensch nur aus dem Grund ärgerlich, weil er am Gegenüber die Aggressionen gegen seinen Vater abmachen will, sondern es gibt auch die realistische, ja vielleicht objektiv berechtigte Wut auf den Helfer, die zumindest in den Augen des Betreuten einen guten Grund hat. Um es mit einer bekannten Metapher, die vor freudianischen Überdeutungen warnen will, zu sagen: Der Zeppelin ist eben nicht nur ein Phallussymbol — man kann auch mit ihm fliegen!

Diese Gegebenheit dürfen wir nicht aus dem Auge verlieren, wenn wir souveräne Helfer sein wollen. Die Einschränkung aller Lebenswirklichkeit auf das nur Subjektive hat einen gefährlichen Haken. Sie entzieht einem absoluten Kern der Wahrheit den Boden und bewirkt ein Abgleiten in eine willkürliche Beliebigkeit. Die Leugnung objektiver Fakten, die Verminderung der Wirklichkeit auf vorübergehende Bezugssysteme, die Einschränkung alles Seienden lediglich auf ein Geltendes und momentan Wirkendes — diese gefährliche Verallgemeinerung nach Pars-pro-toto-Manier kann einen Hilfesuchenden durch diese Form der Lebenseinstellung des Helfers halb verrückt machen. Er empfindet mit Recht, dass der Betreuer nicht bereit ist, die Sache zu sehen, wie sie ist, sondern immer bereits seine die Tatbestände verzerrende Brille auf der Nase hat, wenn der Hilfesuchende ihm seine Problematik verstehbar zu machen sucht.

Die Verabsolutierung des Relativen führt auch in anderen Bereichen zu einer gefährlichen Überdehnung gelernter Teilwahrheiten. Wenn z. B. in der Ethik kein absoluter Kern angenommen wird, sondern nur von Gesellschaft zu Gesellschaft »geltende« Werte, die wir nach Belieben annehmen oder ablehnen können, dann verliert Ethik bald ihr Gewicht und ihre Verbindlichkeit. Bedürfnisse, deren Berechtigung wir an der Zahl derer, die nach ihnen verlangen, bemessen, werden durch Massenmanipulation austauschbar, stimulierbar oder abschaffbar.

Aber letztlich sind Verhaltensweisen auf dem Boden dieses Geistes in der Praxis wie im Alltag gefährliche, unzutreffende Grenzüberschreitungen, die dann leicht zu Ausschreitungen werden, nämlich zu anmaßendem Macht-missbrauch. Eine solche Fehlvorstellung ist zerstörerisch, und wir müssen die Gefahren ihres Einflusses, der unser Geistesleben bereits weitgehend durchtränkt hat, hellwach im Bewusstsein haben. Die Schöpfung und ihre Krone, der Mensch, ist keine gestaltlose Angelegenheit. Die Seele des Menschen ist kein nach Belieben knetbarer Kuchenteig. Die Bibel weiß so viel richtiger, dass der Schöpfung durch Gott ein festes Maß und feste Grenzen gesetzt sind. Die Entscheidung für eine solche Weltsicht nur macht es mög-lich, das faktisch Vorhandene ernst zu nehmen und nicht nach Belieben umzudeuten. Wir sind dazu weder in der Lage noch befugt. Versuchen wir es, so entarten wir zu Zauberlehrlingen, die durch die mangelnde Fähigkeit, mit dem Entzauberten umgehen zu können, schließlich doch nur der Verzweiflung anheimfallen. Der Mensch besteht nicht nur aus Projektionen und Übertragungen — er hat das Recht, als Person in seinem So-Sein ganz ernst genommen zu werden.

Q

Quälsucht durchschauen

Nach dem Motto »Du bist schuld, wenn mir meine Hände erfrieren«, greift der verzweifelte Mensch häufig unbewusst zu dem Versuch, sich selbst zu schädigen, um den Anderen zu strafen. Die Selbstbeschädigung wird oft in exzessiven Formen in Kauf genommen, wenn eins daraus folgt: Sorge, Qual, Verhaltensänderung im Sinn von Zuwendung, Bemühung, Hilfsaktionen des also Gestraften. Diese Lust kann so süß sein, dass sie sich massiv einschleift, nicht nur wegen der dann wirklich einsetzenden Beachtung durch die Menschen in der Umwelt, sondern leider schließlich auch, weil die selbstschädigenden Handlungsweisen sogar eine zusätzliche Verstärkung heraufbeschwören: Denn die Folgen des quälerischen Verhaltens, z. B. die Schlaflosigkeit, die Appetitlosigkeit oder die Gallenblasenentzündung des zerquälten Angehörigen lösen bei dem Quäler sekundär Schuldgefühle aus. Die Fortführung der Selbstschädigung beschwichtigt diese. Die Selbstschädigung verliert ihre Intention, den Anderen zu bestrafen, sie wird zur Selbstbestrafung in der berechtigten Vorstellung, strafwürdig zu sein. Dadurch verstärkt sich das Mitleiden des Angehörigen und mindert sich die instinktive Abwehr gegen den quälerischen Impuls. Der Quälsüchtige hat von dieser Wendung einen zwar zweifelhaften aber immerhin einen Gewinn. Der Teufelskreis ist komplett. Aber selbst wenn eine solche zu bestrafende Person nicht mehr gegenwärtig ist, wenn sich der Mensch schließlich nur noch generell an einem »miesen« Leben durch Selbstschädigung rächt, regt sich das Gewissen und signalisiert oft mit Hilfe von Schmerz und Unlust dem Menschen, dass er sich an sich selbst versündigt. Aber gerade auch dieses Empfinden kann die Selbstbestrafung zur süßen, entlastenden Dauerversuchung machen.

Wenn es nicht gelingt, solche neurotischen Gefüge bewusst zu machen, können sie lebenslänglich ihre zersetzende Strahl- und Brandkraft oft bis zum lebensverkürzenden Ende behalten. Auf jeden Fall mindern sie wertvolle Lebenskraft und bannen diese in Teufelskreisen fest. Teufelskreise heißen sie eben zu Recht; denn die Personen, die in den Bann solcher Kreisläufe geraten, haben von sich aus kaum eine Chance, wieder herauszukommen. Sie sind, wie im Märchen, festgeklemmt, eingemauert, kaltgestellt, festgebannt oder werden schließlich ähnlich wie dort sogar zu einer Art Untier verzaubert. Hilfe ist für solche Menschen bitter notwendig! Das Märchen weiß übrigens auch viel darüber, was für eine Haupteigenschaft der Helfer braucht: Er muss bescheiden genug sein, sich nicht für einen Alleskönner, einen Allein-Macher zu halten. Er muss wissen, dass es ohne die Mitwirkung außermenschlicher Kräfte nicht geht, und er muss sich längst vorher schon in einem guten, freundschaftlichen Einklang mit diesen befinden. Dann helfen sie ihm auch — laut Märchen —, wenn er in der schweren Aufgabe steht, die negative Macht einer elenden, Unglück verbreitenden Zauberzone zu brechen.

Der in seiner Quälsucht festgebannte Mensch sucht meist zunächst auch den angeheuerten Helfer in sein bewährtes Gefüge einzubeziehen. Er erledigt das, was er sonst mit der Umwelt gekonnt praktizierte, gewissermaßen vor der Haustür des Helfers: den erneuten Selbstmordversuch, den gesteigerten Alkoholgenuss, das erneute Durchfallen durchs Examen, den Rückfall in die Stehlsucht, das Zerhungern bis zum Strichmännchen, das wiederholte Herunterfallen von der Treppe, das triumphierende Verharren in dem immer gleichen Leiden. Ja, manchmal ist es so, als setzten die Hilfsbedürftigen Himmel und Hölle in Bewegung, um die düsteren Wolken, die als Schicksal über ihnen hängen, mit aller Kraft zu sich herunterzuzerren, vor allem, wenn sie Anstalten machen, davonzuziehen und sich aufzulösen.

Oft spielen die Angehörigen dabei in aller Unschuld mit – vor allem dann, wenn sie von der heimlichen und uneingestandenen Furcht beseelt sind, der Helfer könnte im Gegensatz zu ihnen Erfolg haben, so dass die Fremdbetreuung für sie in der Tiefe ihrer Seele eigentlich nur dem Beweis dienen soll, dass eben wirklich gar nichts zu machen ist.

Eine Mutter meldete sich in den ersten Wochen nach Behandlungsbeginn ihrer Tochter regelmäßig am nächsten Morgen nach der Stunde und rief mit unverhohlenem Triumph ins Telefon: »Und Mareile hat doch wieder eingenässt!«

Es ist lebenswichtig, ein solches Handeln zu durchschauen, ja, es ist dringend anzuraten, sich in einen solchen Bannkreis nicht mit hineinzubegeben. Niemandem ist damit geholfen. Bewusstmachen ist nötig, aber niemals abrupt, niemals als erster Schritt, niemals mit beschämendem, triumphalem Entlarvungsgetöse. Am Ursprung aller Quälsucht steht oder stand immer die Verzweiflung des Schwachen. Das darf nicht übersehen werden. Zuerst muss grundsätzlich an der Auflösung der Verzweiflung gearbeitet werden, um dem Hilfesuchenden zu verdeutlichen: Es besteht gar kein Anlass (mehr), zu so negativen Mittelchen zu greifen, um geliebt, anerkannt und geborgen zu werden. Die Selbstbeschädigung ist unberechtigt!

Wenn der Helfer sich mit einer gewissen Empörung mit dafür einsetzt, den seelisch noch Schwachen vor dem widerlichen Geist der Verzweiflung und des Selbstmisstrauens zu beschützen, so kann der sich oft schnell mit großer Erleichterung mit auf die Seite des Helfers stellen und mit gegen den düsteren Racheengel in sich selbst zu Felde ziehen. Dabei sollten alle aufbauenden Aktivitäten des Betreuten beachtet und mit freudiger Anteilnahme, die Rückfälle ins Zerstörerische mit gelassener Nichtbeachtung quittiert werden. Schädigendes Verhalten darf nicht zu vermehrter Sorge, vermehrten Sitzungen oder zu ärgerlicher Abweisung Anlass geben, weil sich der Helfer damit lediglich zum Übertragungsobjekt macht und den therapeutischen Prozess verlängert. Quälerische Aktionen sollten zunächst kommentarlos ad acta gelegt werden.

Das Gefüge dieser Teufelskreise muss dem Beratenen freilich auch ins Bewusstsein gebracht werden — aber erst wenn der Lebensmut gefestigt ist! Noch einmal sei in diesem Zusammenhang an die Grundregel erinnert: Die Stunde für ein solches Aufdecken unbewusster Fehlverhaltensweisen muss schlagen — sie darf nicht willkürlich vom Helfer bestimmt werden.

Auch eine reaktive Depression, die als Folge eines schweren Verlustes oder anderer Schicksalsschläge aufgetreten ist, braucht ihre Zeit, muss ausheilen dürfen. Es ist nicht im Mindesten sinnlos, dass der in dieser Weise Leidende bei uns allwöchentlich über zwei Jahre hinweg in den

Gesprächsstunden weint. Wir haben die Aufgabe, beizustehen und trostreich zu versichern, dass auch Seelenwunden heilen, dass eines Tages wieder erlebt werden würde, dass die Sonne scheint und die Vögel singen. Es ist nicht unwichtig für den Hilflosen zu erfahren, dass der Helfer an seiner Seite bleibt, wenn der dunkle Tunnel auch noch so lang ist. Es ist nötig, ihm zu versichern, dass es nur darauf ankommt: das Vorwärtsgehen nicht zu vergessen und Schritt für Schritt zu tun. Es reicht in solchen Fällen über lange Zeit die Versicherung, dass die Nacht ein Ende haben wird.

Dass der Hader aktiv bekämpft sein will, dass man die Versuchung, Depressionen zu chronifizieren, bekämpfen kann und muss, dass man dafür mit lebendiger Unabhängigkeit statt lähmender Abhängigkeit belohnt wird, ist ein Erkenntnisschritt, der erst angenommen werden kann, wenn das Ende der berechtigten Traurigkeit in Sicht ist.

R

Rat geben

Alle unsere Bemühungen um geduldiges Zuwarten, alle unsere berechtigte Zurückhaltung, um den Hilfsbedürftigen von sich aus zu der ihm gemäßen Entscheidung kommen zu lassen, darf uns nicht zu dem falschen Schluss verleiten, dass jeglicher Rat unangebracht sei. Wir müssen auch bereit sein, Rat zu geben, wenn uns der Suchende darum bittet; wir sollten ihm dann freilich auch zu verstehen geben, dass dieser Rat keinen Befehl darstellt und dass man gemeinsam darüber nachdenken müsse, ob er durchführbar und zweckmäßig ist.

Es gibt den so notwendigen und sinnvollen vorsorglichen Rat, und es gibt vor allem das umfängliche Beratungsgespräch mit Angehörigen, besonders mit Eltern. Psychologische Hilfe wird zur Widersinnigkeit, wenn Therapeuten etwa in einmalig anberaumten Sitzungen lediglich, wenn das Gespräch zu stocken droht, den Inhalt des Satzes, den der Hilfesuchende sprach, sinngemäß wiederholen und nach zwei Stunden dieser Prozedur den Ratsuchenden mit den Worten entlassen: »Machen Sie nur so weiter!«

In den seltensten Fällen ist das eine Antwort, die den Ratsuchenden befriedigt. Meistens kam er eben gerade, weil er den Eindruck hatte, dass es so nicht weitergehen könne, und es ist eine durch keine Forschung gerechtferge Vorstellung, dass dem Suchenden am nächsten Morgen beim Rasieren der rechte Weg nun als Folge der einmaligen Aussprache von selbst zufallen würde. Das ist eine Illusion, die den Hilfesuchenden überfordert. Darüber hinaus pflegen die Ratsuchenden über dieses Psychologenverhalten hinterher derart verärgert zu sein — sie empfinden sich so sehr als geneppt und im Stich gelassen, ihnen erscheint die Zeit und das Geld so sehr verschwendet —, dass in dieser negativen Stimmung erst recht kein konstruktiver Einfall zur Änderung der Lage Wurzeln schlagen kann.

Nein, wir *dürfen* nicht nur, sondern wir müssen in Beratungsgesprächen Rat zu geben versuchen — dazu sind wir verpflichtet. Es ist auch nicht jedermann, der Rat sucht, auf einer Bewusstseinsstufe, in der es ihm überhaupt schon möglich wäre, selbständig die Schlussfolgerungen aus bestimmten Situationen zu ziehen; und oft reicht selbst ein hohes Seelenniveau dazu nicht aus. Jeder von uns kann gerade in jenem Problembereich seinen blinden Fleck haben, der den Gang zum Helfer notwendig machte. Es ist die Aufgabe des Beraters, gerade diesen Punkt herauszufinden und anzusprechen.

Ich habe darüber hinaus die Erfahrung gemacht, dass die resignierte Vorstellung von Fachleuten, Eltern von schwierigen Kindern seien nun einmal mit größter Wahrscheinlichkeit selbst schwierig und infolgedessen durch Beratungsgespräche nicht zu belehren, nicht stimmt. Viele der verhaltensgestörten Kinder sind durch unser künstliches Leben, durch falsche, den Eltern vorgeschriebene Pflegeformen, andere Kinder durch seelische Verletzungen, durch frühe Krankenhausaufenthalte und andere Schicksalskomplikationen schwierig geworden. Ich besitze einen

Schrank voller Briefe von Eltern und Aufzeichnungen von Nachuntersuchungen von Kindern, die beweisen, dass beratende Gespräche den denkbar besten Erfolg zeigen können. Es ist also von großem Wert, vor allem bei der Betreuung von Kindern, auf das sorgfältige Beratungsgespräch mit den Eltern das allergrößte Gewicht zu legen.

Es ist auch wichtig, den Eltern einen Einblick in die mutmaßlichen Ursachen der Schwierigkeiten ihres Kindes zu geben, so weit diese nach der Befragung über die Vorgeschichte deutlich geworden sind. Eltern, die mit ihrem Kind aus eigenem Antrieb einen Berater aufsuchen, sind eben in den meisten Fällen gerade *nicht* unverbesserlich. Es sind auch meist nicht die schwersten Fälle, die man auf diese Weise zu sehen bekommt, sondern es sind die wachen, die hellhörigen, die besonders verantwortungsbewussten Eltern, freilich auch die unsicheren und gegen sich selbst und ihre Erziehungskunst misstrauischen. Aber gerade mit dieser Gruppe von Menschen ist eine ausgezeichnete Zusammenarbeit möglich. Gerade sie wollen rechtzeitig mithelfen, sie sehen, dass etwas nicht so ganz in Ordnung ist, sie wollen die Sache nicht laufen lassen, bis alles zu spät ist.

Ich habe die Erfahrung gemacht, dass langfristige Behandlung überflüssig werden kann, wenn man gemeinsam mit solchen Eltern Pläne aufstellt, ihnen etwa ein verhaltenstherapeutisches Konzept zur Beseitigung einer Phobie oder einer Schwierigkeit um die Ausscheidungen in die Hand gibt. Haben die Angehörigen erst begriffen, um was es geht, dass hier einer Kindernot nicht mit Appellen an den Verstand oder mit rigorosen Strafmaßnahmen beizukommen ist, so ist dieser Ansatz des neuen Verstehens ein so positiver Einstieg, dass auf diese Weise gewissermaßen mit einem einmaligen hochdosierten Aufwand die erstaunlichsten Wirkungen erzielt werden können.

Ich habe durch diese Erfahrung die Erkenntnis gewonnen, dass die Aktivierung und Begleitung der Selbsthilfe ein noch viel zu wenig beachtetes Gebiet in der Beratungspraxis ist. Die unverträgliche Anonymisierung, die entpersönlichende Institutionalisierung tragen eine erhebliche Mitschuld an der Vermehrung der seelischen Krankheiten. Das Gegengift heißt: personale Betreuung, Einsatz opferbereiter Personen, Aktivierung der Eigenverantwortung. Das gezielte, geschickte, den Eltern freundschaftlich zugewandte Beratungsgespräch könnte auf diesem Weg zu einer tragenden Säule werden.

S

Schuld ernst nehmen

Eine große Zahl seelischer und auch körperlicher Leiden beruht darauf, dass ein Mensch nicht mit einer Schuld fertig wurde, dass sie wie ein quälender Stachel im Herzen sitzt — oder weil sie zu sehr weh tat, verdrängt wurde —, sich nun aber in Form von Symptomen und Krankheiten wieder meldet.

Wichtig ist es vor allem — zumal diese Problematik in den Lehrbüchern häufig vernachlässigt wird —, Probleme der Schuld nicht lediglich auf den Teilbereich der Schuld*gefühle* einzuschränken. Gewiss machen sie einen zentralen Bereich des abstützenden, aufmunternden Helfens aus, das von überbesorgten Skrupeln befreit. Wir haben uns um diese krankhaften Schuldgefühle besonders intensiv zu kümmern, um jene Auswirkungen der inneren Polizeiherrschaft eines übersteuerten Gewissens, die dem Hilfesuchenden das Leben unnötigerweise vergällen können. Diese innere Kontrollinstanz des Verstörten fordert Vollkommenheit in jeder Hinsicht, fordert Engelhaftigkeit bis in die tiefste Herzkammer hinein. Sie fordert Perfektionismus in der Arbeit, in der Moral, im Lieben, in den Ordnungen des Alltags, im Verhalten, in der äußeren Erscheinung. Da der so von sich selbst geplagte Mensch natürlich ständig hinter solchen Eigenforderungen zurückbleibt, verhängt das innere Dauergericht fortgesetzt Schuldsprüche und

Verurteilungen grausamster Art. Die Person solcher Menschen ist zerspalten.

Erstens in einen Teil, der gewissermaßen auf den Knien, unter Tränen, angstschlotternd und -gejagt im Dauerstress dem Anspruch dieses inneren Polizisten zu genügen sucht.

Zweitens in einen weiteren Teil, der mit der inneren Instanz des Richters identifiziert ist, der verwirft und bestraft (stundenlang im Zimmer stehen, nur kalt waschen, auf einem Brett schlafen, fasten, frieren, arbeiten, wenn andere feiern).

Drittens in eine meist kaum ins Bewusstsein geholte Brandstifterseele, die am liebsten den Polizisten und den Richter in die Luft sprengen möchte, um sich von ihnen zu befreien. In jeder Diktatur lauert irgendwo eben immer auch der Tyrannenmörder.

Aber gerade das Unterdrücken der Brandstifterimpulse macht dem solcherart Geängstigten die viele Arbeit, die schließlich zum Helfer führt, setzt all die Rituale in Gang: das viele Händewaschen, das viele Nachschauen, ob auch alle Verschlüsse wirklich, aber auch ganz sicher geschlossen sind, das viele Verriegeln, Kontrollieren und noch einmal Nachkontrollieren. Denn was wäre das für eine Katastrophe, wenn man diesen Geist aus der Flasche herausließe, wie sollte sich die entfesselte Energie je wieder bändigen lassen! Aber die Energie würde gar nicht zu einer solchen Explosionsgefahr werden, wenn der Polizist und der Richter in der Seele nicht eine solche unbarmherzige Diktatur betrieben. Sie müssen also wirklich aus dem Dienst entlassen werden! An die Stelle der inneren Quälgeister muss eine Instanz treten, die wohl ein wenig steuert, die aber vor allem den rigiden Anspruch herunterschraubt, die versteht, statt schuldig zu sprechen, die gern hat und auch einmal fünf gerade sein lassen kann.

So weit, so gut. Aber wir müssen uns klar machen, dass wir es nicht immer und ausschließlich mit solchen so genannten zwanghaften Strukturen zu tun haben, dass es nicht nur krankhafte, sondern durchaus eben auch gesunde Schuldgefühle gibt, die auf dem Boden echter Schuld entstanden sind und dadurch krank gemacht haben. Ich sage das provozierend, weil dies in unserem Metier nicht einfach selbstverständlich zugestanden wird. Wer das Relative verabsolutiert, wird auch die objektive Existenz von Schuld nicht akzeptieren wollen. Wenn krankhafte Schuldgefühle durch übertriebene Leistungsansprüche der Umwelt entstehen können — so schließt man —, sollte die Umwelt so verändert werden, dass der Mensch sich durch gar nichts mehr schuldig zu fühlen braucht. Das ist teilweise auch richtig, bedeutet aber gefährliche Grenzüberschreitung, wenn man es verabsolutiert. Denn das Gewissen ist mehr als eine von den Eltern und der jeweiligen gesellschaftlichen Moral aufgenötigte Instanz, und es gibt nicht nur die allemal negativen, übertriebenen Schuldgefühle, sondern auch objektive Schuld, die unser Gewissen uns unbestechlich anzeigt, selbst dann noch, wenn jegliche Gesetzgebung und jegliche gesellschaftliche Moral abgeschafft wären.

Man kann diese Behauptung jederzeit dadurch nachprüfen, dass es kaum dauerhaft gelingt, ein berechtigtes Schuldgefühl fortzuretouchieren. Es ist davon allenfalls kurzfristig beeindruckbar! Man kann z. B. einem jungen Mann, der an einer Zwangsonanie leidet, gerne erzählen, dass doch fast alle jungen Männer dergleichen täten, dass es längst für unschädlich und gewissermaßen für hoffähig erklärt sei, regelmäßig zu masturbieren. Es kann die gesamte

Umwelt das Verhalten gutheißen. Wenn der Junge selbst erlebt, dass es so zuviel ist, dass er zerschlagen ist, dass seine Gedanken und Fantasien sexualisiert sind und er sich zu nichts anderem mehr aufraffen kann, so nützen dergleichen Beschönigungen nichts: Der Junge erfährt, dass dies, so gehandhabt, falsch ist.

Bei den Selbstbeschädigungen anderer Art ist das genauso. »Es war falsch«, sagt das Gewissen, »das hat keinen Zweck, lass das in Zukunft; du hast noch einmal Glück gehabt, aber irgendwann bekommst du die Rechnung.«

Dieses Gewissen ist kein »internalisiertes Über-Ich«; es ist bei dem einen feiner, bei dem anderen gröber, aber ganz fehlt es wohl selten. Es lässt sich durch die Umwelt zertreten, pervertieren oder überreizen, aber bei der Menschheit nicht dauerhaft ausschalten.

Es sind Beschwichtigungsfeldzüge des Gewissens, wenn ein Alkoholiker andere ebenfalls betrunken, ein Homosexueller jugendliche Männer auch homosexuell zu machen versucht. Aber es hilft nur scheinbar, wenn man meint, sich von Schuld dadurch loszumachen, dass man möglichst viele zur gleichen Tat veranlasst. Es ist kein Weg zur Erlösung von Schuld, wenn man Abtreibung für erlaubt erklärt und voll Genugtuung die steigenden Zahlen der legalisierten Schwangerschaftsabbrüche zur Kenntnis nimmt. Gerade unsere Zeit, die Gewissensbefreiung durch Abschaffung des Verbotenen herzustellen sucht, kann im Umgang mit den dennoch an ihrer Schuld Krankgewordenen erkennen, dass auch in diesem Bereich die Verabsolutierung des Relativen eine unzulässige Grenzverletzung darstellt.

Wie gehen wir in der Praxis mit dem gesunden Schuldgefühl um, das den Anderen mit Recht davor warnt, in einer ihn schädigenden Schuld, in einer ihn behindernden

Verhaltensweise zu verharren? Wichtig ist es, aufzudecken, dass diese warnende Stimme einen konstruktiven Sinn hat; dass diese Instanz ein liebevolles Zubehör der Seele ist. Wichtig ist bereits das Erkennen und Verstehen der Versuchung, der unzureichenden Kraft zur Überwindung und daran anschließend die Verabredung zu gemeinsamer Bemühung in kleinen Schritten, ohne am Rückfall zu verzagen.

Dem Christen aber sollte die Zusicherung der Vergebung aller Schuld durch den gnädigen Gott die entscheidende Tröstung sein. Der Christ sollte durch einen christlichen Helfer den Zuspruch erfahren, dass Christus der Arzt ist, der nicht für die Heilen, sondern für die Kranken, die sündenzerbeulten Rückfalltäter Erlösung erwirkt hat und dass es seitdem keine Verkrampfung durch nicht eingehaltene Vorsätze mehr zu geben braucht, mit denen bekanntlich der Weg zur Hölle gepflastert ist. Das Wissen um die bereits vorgeleistete Erlösung, um die bereits für heil erklärte Seele, und das Erleben dieses Heils in der Feier des Abendmahls machen jedenfalls die Umkehr für einen in seinen Konflikten Gefangenen wesentlich leichter, als wenn nur durch gute Taten und sündloses Verhalten das Heil in einer doch nicht erreichbaren Ferne aufzudämmern vermag.

T

Träume beachten

Wie arm wären wir als Helfer ohne die Träume der Hilfsbedürftigen! Mit wie viel farbiger Zutat beschenken sie uns,
wenn sie ihre Träume erzählen! Wie staunenswert eindringlich können Kinderträume sein, wie viel Anlass zum
Lachen über manche humorvolle Gestaltung, wie viel
Tiefsinn des Unbewussten, wie viel Einblick, wie viel Kunst
vermitteln sie uns, wie helfen sie uns, weisen den Weg,
übernehmen auch einfach einmal die Führung und zeigen
manchmal noch im kleinen banalen Bild große Wahrheiten
auf!

Jeder, für den ein Anlass besteht, in seine Seele hinein-
zulauschen, sollte wissen, dass der Traum der Königsweg
zum Unbewussten ist. Jeder Hilfesuchende sollte bei der
ersten Verabredung zu weiteren Gesprächen hören, dass es
eine gute Sache wäre, die Träume der Nacht und die Einfälle dazu zu notieren und mitzubringen. Manche Menschen sagen dann erschrocken: »Ich habe noch niemals in
meinem Leben geträumt!« Eine solche Befürchtung darf
beschwichtigt werden. Es muss erklärt werden, dass es kein
böses Zeichen sei, wenn man sich im Allgemeinen an seine
Träume nicht erinnert. Da jeder Mensch aber regelmäßig
träume, sei es vielleicht möglich, durch diesen Appell angeregt, doch den einen oder anderen Traum zu behalten. Man
möge es zunächst einmal damit versuchen. In den seltens-

ten Fällen kommt der Betreute in die nächste Gesprächsrunde dann ohne Traum, er hat zu seinem Erstaunen tatsächlich einen in Erinnerung behalten.

Dieser so genannte Initialtraum erweist sich erstaunlicherweise meist als von ganz besonderer Bedeutsamkeit. Manchmal enthält er in einer verdichteten Form die bisher unentdeckte Hauptquelle aller Nöte. Das lässt sich nicht immer gleich erkennen, aber selbst, wenn das der Fall ist, sollte dem Hilfesuchenden nicht unvorbereitet die ganze Wahrheit ausgedeutet auf den Tisch gelegt werden. Im Allgemeinen ist der Hilfesuchende nicht so ohne weiteres reif für so viel Wahrheit. Unbedingt müssen der Inhalt seines Initialtraumes, dessen Einfälle dazu und die eigenen Deutungsmutmaßungen notiert werden. Das Unbewusste des Patienten wird erfahrungsgemäß mehr angeregt, wenn nicht sofort alles zerdeutet, sondern mehr angehört, mehr das Umfeld der Einfälle abgetastet wird. Eine solche Vorsicht wird meist durch ein lebendiges Weitersprudeln der Quelle belohnt.

Das Einbeziehen der Träume hat nicht das Mindeste mit Zeitverschwendung zu tun. Freilich muss man sich, wenn sie nützlich sein sollen, intensiv um das Erlernen der Symbolkunde bemüht haben. Freuds klassische »Traumdeutung« allein reicht für die Träume unserer Zeit keineswegs aus. Die Symbolik der Träume heute, in einer Zeit, in der die Sexualität so vollständig enttabuisiert worden ist, ist keineswegs so vorherrschend sexbetont, wie sie es zu Freuds Zeit noch war. Es gibt vielmehr eine elementare Bildersprache der Seele, wie sie auch in den Volksmärchen und in vielen Bereichen der Bibel gesprochen wird, die an keine bestimmte Schule gebunden ist, sondern ihre Einsichten ursprunghaft in Bildern ausdrückt. Wer mit Kindern arbeitet, ist damit ohnehin vertraut, weil Kinder besonders intensiv in der magischen Phase zwischen dem vierten und achten Lebensjahr auch in ihren Fantasiespielen in der Bildersprache agieren und uns dadurch fortgesetzt zu einem stillen Übersetzen nötigen.

Tägliches Einüben in der Bildersprache ist wichtig; denn auch auf diesem Feld macht erst Übung den Meister! Noch einmal sei zu guter Letzt vor einem schablonisierten, vorschnellen Überdeuten gewarnt. Der Danebendeuter verwirrt nicht nur den Hilfesuchenden, er macht sich vor dessen Unbewusstem lächerlich. Das Unbewusste quittiert das meist, indem es sich im nächsten Traum über den törichten Deuter lustig macht. Man sollte liebevolle Korrekturen dieser Art in Fröhlichkeit ernst nehmen.

U

Unruhe therapieren

Es gibt einen Faktor bei den Schwierigkeiten der Menschen, die uns aufsuchen, der selten einmal fehlt: Ihre Seele ist unruhig. Sie sind verspannt, unausgeglichen, verkrampft, hektisch. Vielen, ob jung oder alt, fällt es dadurch so enorm schwer, sich in eine geforderte Arbeit zu vertiefen, sich ganz auf sie zu konzentrieren. Andere können nicht einschlafen oder haben Durchschlafstörungen. Viele kompensieren ihre Schwierigkeit durch Überbeschäftigtsein, durch dauerndes Unterwegssein, durch Reisesucht; Jugendliche dieser Art übertönen die Unruhe durch dröhnende Musik, waghalsiges Motorradfahren und durch Genussgifte. Kinder sind oft unerträglich zappelig — in der Schule, bei den Schularbeiten, bei Tisch. Selbst manche derjenigen, die scheinbar in Ruhe sind, die viel essenden Dicken, die nachts wie ein Stein schlafen, beweisen durch die zernagten Fingernägel, durch einen plötzlichen Wutausbruch, dass die Spannung lediglich gewissermaßen durch ein Totstellverhalten überdeckt blieb.

Aber die Unruhe gehört eigentlich zu den sinnvollen, uns generell zur Verfügung gestellten Alarmanlagen. Sie setzt sich automatisch in Gang, wenn Gefahr droht. Die Unruhe der Seele ist ein Generalanzeiger dafür, dass der Lebensentwurf in Gefahr ist, dass etwas nicht so läuft, wie es laufen müsste. In den Träumen kommt dieser Signalcharakter dann häufig noch viel deutlicher zum Ausdruck: Da blinken dann rote Ampeln Gefahr, da schrillen Weckglocken, da zeigen große Bahnhofsuhren an, wie spät es bereits ist und wie nötig es ist, sich zu sputen, um einen abfahrenden Zug noch zu erreichen.

Ich kann mir nicht vorstellen, dass es je eine Zeit gegeben hat, in der eine so große Zahl von Menschen in eine so große innere Unruhe geraten ist wie heute. Und das fängt keineswegs erst im Erwachsenenalter an.

Von dieser Unruhe nährt sich eine ganze Industrie; denn: Betäubt muss sie werden! Es ist gänzlich unfassbar, welche gigantischen Mengen von gefährlichem Medikamentengift der moderne Mensch mit ärztlicher Verordnung zu sich nimmt, um seine Unruhe zu dämpfen. Das beginnt bereits im Säuglings- und Kleinkindalter mit Beruhigungsmitteln; Grundschulkindern gibt man Medikamente, die die Konzentration fördern. Die ruhigstellenden Medikamente bilden eine so unfassliche Schwemme, dass man nur staunen kann, wie anpassungsfähig der menschliche Körper ist, so dass er diese Überhäufung mit Chemikalien einigermaßen unbeschadet übersteht. Aber wenn der Körper dies vielleicht auch verkraftet — es fügt der Seele auf Dauer gewiss Schaden zu, wenn der Mensch lebenslang seine Unruhe totschlägt. Denn schließlich hat die Unrast einen Sinn, sie will doch aufwecken, sie will antreiben! Hinter ihr steckt häufig Angst als Motor, und auch diese Angst ist nicht einfach nur sinnlos. Angst hat die Aufgabe, den Menschen im Augenblick der Gefahr zwecks Bewahrung seiner Existenz zur Flucht oder zum Angriff zu befähigen. Aus diesem Grunde schüttet die Nebennierenrinde mehr Adrenalin aus, ein Hormon, das bewirkt, dass dem Menschen ruckartig ein Überschuss an Bewegungsfähigkeit zur Verfügung gestellt wird. Gerade dieser Status der Bereitstellung wird durch eine entsprechende Medikation fortgesetzt gelähmt.

Helfer sollten das nicht mitmachen. Sie sollten den guten Sinn der Unruhe durchschauen und sie dem Betreuten bei Gelegenheit deutlich machen. Die Hilfesuchenden sollten wissen, dass in ihnen selbst ein guter, ein wohlmeinender Antreiber sitzt, und dass die Energien, die sich in der Unruhe kundtun, auf sinnvolle Nutzung warten. Konzentrationsstörungen lassen sich weder durch Medikamente, noch durch Frischzellen beseitigen; sie bedürfen der Bemühung um den Frieden der Seele, um eine Entlastung der Spannung oder der Angst, die die eigentliche Quelle der Nöte ist. Hier braucht unsere so kranke Zeit den kunstreichen Helfer: nicht einen Schüler, der daherbetet, was eine »Schule« ihn an Techniken gelehrt hat, sondern einen Berater mit Herz und Verstand.

Ein Großteil der vermehrten Unruhe heute geht wohl darauf zurück, dass man der Seele am Lebensanfang die Gelegenheit und die Zeit verwehrte, bei einer durchgängig anwesenden Mutter Geborgenheit zu erleben. Der Mensch bekommt dadurch einen Landstreichercharakter, dem es nicht einmal mehr hilft, wenn man ihm später Heimat nachliefert, indem man ihm ein komfortables Obdachlosenasyl zur Verfügung stellt. Seine Seele bleibt heimwehkrank nach der Mutter. Eine unbestimmte Sehnsucht treibt ihn um — auf das Schiff, auf die Weltmeere, unter die Brücken, von Ort zu Ort.

Eine zweite Quelle moderner Unruhenot liegt darin, dass im Kindesalter die Beweglichkeit des Körpers heute häufig zu wenig eingeübt wird. Unsere technischen Systeme, z. B. etwa fortgesetzt vor dem Dauerverwöhner

Fernsehapparat zu sitzen, und überreichlich im Auto transportiert zu werden, verhindern das. Die seelische Beweglichkeit wird gehemmt, gestaut und äußert sich schließlich als eine diffuse Unruhe.

Aber über diese beiden generellen Unruhestifter hinaus hat jeder Mensch seine sehr individuellen Lebensnotwendigkeiten und deshalb auch seine sehr unterschiedlich reagierende Signalsysteme. Ich bin in meiner Praxisarbeit zu der Vorstellung gelangt, dass jeder Mensch als Person in einer ganz bestimmten einmaligen, unverwechselbaren Gestalt bereits entworfen ist, wenn er in dieses Leben eintritt, und dass die warnenden Signalsysteme, z. B. auch in Gestalt vermehrter Unruhe, sich immer dann in Gang setzen, wenn die Ausgestaltung dieses personalen Entwurfs gefährdet ist. Der derzeitige Wohlstand und die Erweiterung unserer Möglichkeiten durch die Technik haben zwar neue Chancen der individuellen Entfaltung und Ausgestaltung der Person eröffnet, aber leider sind wir auch instinktloser gegen die inneren Warnsysteme geworden.

Die hierzulande vorherrschende Gleichheitsideologie bildet darüber hinaus eine Gefahr seelenverstümmelnder Ungerechtigkeit schlimmer Art. Es muss das Unruheelend bis zur Verzweiflung steigern, wenn man verschiedenste Menschen über einen Kamm zu scheren versucht. Aufgabe des Helfers ist es, ein feinfühliges Organ der Erkenntnis für den Hilfesuchenden zu bilden. Das kann er aber nur, wenn er sich zunächst selbst darum bemüht, seine intuitiven Fähigkeiten zu stärken. Möglich ist das durch ein Bemühen um Nähe zur Natur, durch eine nachdenkliche Suche nach der Verbindung mit dem eigenen Seelenleben und durch eine Vertiefung in die großen Kunstwerke und Weisheitsbücher der Menschheit — vom Märchen bis zur Bibel.

Wir müssen als Helfer um die großen Leitlinien wissen, die den Menschen dort offenbart sind und uns — täglich neu lebendig — außen und innen offenbart werden. Nur dann haben wir die Chance, uns an die unruhige Seele eines hilfsbedürftigen Menschen herantasten zu können, um mit ihm zu erarbeiten, was nötig ist, um die furchtbare Unruhe in den Frieden eines ausgeglichenen Reifungsprozesses zu verwandeln. Oft ergibt sich dann auch, dass man das Kind, den Jugendlichen einfach auf die falsche Marschroute gesetzt hatte, dass dieser Sohn für einen anderen Beruf geeignet ist, statt zum Hofnachfolger, dass in diesem stillen, gelehrsamen Stubenhocker eher ein Wissenschaftler steckt, dass aus dieser Tochter, der selbstmordgefährdeten Studentin, keine gestrenge Juristin werden kann, sondern eher eine kunstreiche Töpferin, dass dem Tischlergesellen durch die vielen Verletzungen, die er sich bei der Arbeit zuzieht, erkennbar wird, dass er einen unbewussten Widerstand gegen diese Tätigkeit hat, weil eine andere Begabung in ihm zur Verwirklichung drängt.

Schrecklich auch die Schlafmittelsuchterzeugung unter den Alten, die doch gar nicht mehr so viel Schlaf brauchen, weil es um die Wachheit für eine jetzt notwendige Vorbereitung geht! Aber wenn die religiöse Aufgabenstellung des Alters nicht in jungen Jahren oder im Lauf der mittleren Jahre vermittelt wurde, kann man das im Alter nur noch sehr schwer ins Bewusstsein bekommen und danach leben. Nicht umsonst gerät der Mensch auf seinem Lebensweg immer wieder in große Unruhe; denn das Eigentliche kann verpasst werden! Der Helfer, der an sich selbst arbeitet, bemüht sich um ein hellhöriges Ertasten, um ein vertieft beobachtendes Erfahren des Anderen. Nur dann wird er ihn in der Tiefe seiner Wesenheit erfassen und ihm aufhelfen können.

V

Verhaltensformen beachten

Um das Deuten von Verhaltensformen zu lernen, muss man scharfäugig beobachten und minuziös aufmerksam sein. Im Grunde ist jede Geste des Anderen wichtig: seine Sitzhaltung, seine Mimik, sein Äußeres, von der Kleidung bis zur Frisur. Bei Kindern gibt das Spiel und seine Handhabung in einem schier unfasslichen Ausmaß Auskunft über ihre innere Befindlichkeit. Körperhaltung ist ein direkter Ausweis seelischer Haltung. Körpergewicht gibt Einblick (Übergewicht signalisiert oft übermäßige Gier, Untergewicht manchmal Zurückhaltung, eine sich selbst missgünstige Lebensangst, die durch Überdisziplin bis zur Essverweigerung führen kann). Die Falten eines Gesichts jenseits der Lebensmitte sind Lebensgeschichte. »Mit sechzig hat der Mensch das Gesicht, das er verdient«, sagt Nanine mit Recht.

Wir dürfen, ja wir sollen als Helfer den Menschen in seiner Ganzheit zu *er*fahren versuchen, das ist unsere Aufgabe, doch, fruchtbar wird uns diese Verfahrensweise in der Arbeit nur sein können, wenn auch diesem scharfäugigen und nachdenklichen Beobachten abermals eine Entscheidung vorausgegangen ist: der Entschluss, den jeweiligen Menschen nicht wie ein Objekt zu beobachten, sondern als Person zu achten. Unter dieser Voraussetzung können wir dem Anderen als einem einmaligen Entwurf des großen Künstler-Gottes gegenübertreten.

Eine solche Helfereinstellung ist die einzige Rechtfertigung und das notwendige Gegengewicht zu dieser geforderten Scharfäugigkeit. Scharfäugigkeit ohne eine Selbstverpflichtung dieser Art ist unzulässig, weil sie entwürdigt. Kaltes, unbrüderliches Beobachten enthüllt den Menschen, kommt einer Inquisition gleich, wie sie in den Gefängnissen von Diktaturen gehandhabt wird, wo man Delinquenten splitternackt und frierend in offene Käfige stellt. Er kann sich dann schließlich nur gekrümmt zusammenkauern, um nicht vor Kälte und Beschämung auf der Stelle zu sterben. Hüten wir uns vor einem ähnlichen Umgang mit der Seele hilfloser Menschen!

Hüten wir uns auch vor einem vorschnellen Aussprechen oder mimischen Hinweisen auf unsere Beobachtungen. Sie können auch falsche Deutungen enthalten, es kann dafür noch zu früh sein und vom Patienten noch keineswegs verstanden werden.

Freilich können wir uns um so mehr erlauben, je mehr der Hilflose unsere achtungsvolle Haltung verspürt. Er kann auf ihrem Boden viel mehr verkraften. Er kann mit uns über einen plötzlich in Erscheinung tretenden Räuspertick befreiend lachen, wenn er im Voraus weiß, dass der Helfer den Vorbehalt gegen ihn, der darin zum Ausdruck kommt, toleriert. Er braucht nicht zur Bewegungslosigkeit zu erstarren, wenn er wahrnimmt, dass der Helfer seinen Blick auf ein heftig wippendes Bein gerichtet hat, sondern wagt es vielleicht sogar schon, keck zu sagen: »Sie vermuten sicher, dass ich Ihnen gegen das Schienbein treten möchte — das stimmt; ich habe heute eine unheimliche Wut.«

Kurz, der Hilfesuchende kann selbst bald dazu übergehen, aus seinem Verhalten etwas über sich selbst zu lernen.

Goethe sagte an seinem Lebensende, dass er immer nur von dem gelernt habe, den er auch liebte. Die notwendige Liebe zu sich selbst als einem so und nicht anders geschaffenen Wesen kann der Selbstunsichere nur aus der Achtung des Helfers für den Betreuten beziehen, die aus der gemeinsamen Hochachtung für alles Geschaffene fließt. Erst eine sehr bewusste vorausgegangene Heilung im Sinn einer göttlichen Bereinigung der zerbrochenen Urbeziehung zwischen dem Menschen und seinem Schöpfer kann letztlich bewirken, dass die Entblößung der Seele nicht als eine unerträgliche Beschämung, sondern als eine befreiende Öffnung und Offenheit erlebt wird, die durch eine aus solchen Quellen fließende Liebe zu heilsamem Gewinn zu werden vermag.

W

Widerstand ernst nehmen

Der Widerstand des Patienten ist die Crux jeder Betreuung. Viele Helfer haben das leidvoll erfahren müssen. Wie oft ist das zu erleben: Alles läuft spielend an, die äußeren und inneren Bedingungen sind gut, Anfangsschwierigkeiten sind ausgeräumt, die Umwelt fasst wieder Tritt, der Hilfsbedürftige kommt regelmäßig und zieht auch mit — und dann stockt plötzlich alles. Nun ist er doch wieder nicht zur Arbeit gegangen, nun hat er sich doch wieder betrunken, nun hat er doch wieder gestohlen.

Dieser auch in der Literatur so häufig beschriebene Widerstand gleicht etwa der Situation eines noch unsicheren Schwimmers, den man unter viel kunstreicher Ermutigung und allgemeiner Beteiligung wohlwollender Zuschauer in ein nicht allzu kaltes Wasser gestupst hat und der nun unter dem Jubel der Anwesenden die wenigen raschen Schwimmzüge geschafft hat, die nötig waren, um wieder aufs Trockene zu kommen; aber er hat eben dabei nicht nur — wie es ihm alle zurufen — die Erfahrung gemacht: Es geht, es geht!, sondern auch — und zwar mit sich allein, im Stillen — gemerkt, dass das Ganze doch eine ziemlich gefährliche, kalte, unsichere, nasse Angelegenheit ist, der man noch keineswegs wirklich gewachsen ist, wie das Gestrampel doch so recht deutlich werden ließ. Sollte man es nicht besser ganz lassen? Man lässt sich also auf die Bank neben dem freundlichen Schwimmlehrer fallen und setzt alles daran, ihn abzulenken. Man kommt auf die einfallsreichsten Gedanken, um die Fortführung des Unternehmens zu blockieren.

In den allermeisten Fällen von Widerstand ist nicht die Beschimpfung des Widerständlers oder gar das gekränkte Grollen und Schmollen des Helfers die richtige Reaktion, sondern die Einsicht, dass die folgenden Versuche in noch behutsamerer Form zu erfolgen haben. Dass man dem Betreuten Zeit lassen muss, dass er, um im Bild zu bleiben, erst noch eine Weile trocken schwimmen muss. Freilich bedeutet diese Phase ein kunstreiches Jonglieren, das ebenfalls nur durch ein sehr gründliches Einfühlen möglich ist; denn es gibt eben leider auch dieses: dass man sich mit seiner Schwierigkeit einrichtet, so dass man die ganze Zappelei einfach lässt, dass man die Decke über den Kopf zieht und denkt: »Ohne mich!«

Ja, eine solche Versuchung kann durch die Betreuung verlockend verstärkt werden: Nun ist man noch nicht einmal mehr einsam mit seiner Lebensscheu, nun hat man da diesen Gesprächsfreund, nun ist man durch seinen Schutz weniger dem Gemecker, Gezeter und den Antreibereien der Umwelt ausgeliefert.

Wenn man sich als Helfer in dieser Widerstandssituation nicht in die Schar der Eselstreiber einreihen will, ist es wichtig, bei der allmählich dann doch entstehenden Unzufriedenheit des Betreuten anzusetzen. Diese Töne des Missbehagens, die nach einigen Wochen des süßen Nichtstuns oder der Lethargie artikuliert werden, dürfen auf gar keinen Fall überhört werden; denn sie sind ja Blinksignale des Unbewussten. Sie müssen als Lust zum erneuten Versuch gedeutet werden. An der Unruhe des Schützlings kann sichtbar werden, dass das Maß der Stagnation erreicht ist und er zum Weitergehen in einem erneuten kleinen Versuch ermuntert werden kann. Der Suchende im Widerstand muss erfahren, dass sein Verhalten als Schwellenangst ganz verstanden wird. Ihm muss einsichtig gemacht werden, dass es mit den Reifeschritten sehr ähnlich zugeht wie beim Schwimmenlernen: dass die Angst erst beim Tun, beim ständigen Einüben allmählich schwindet.

Es gibt natürlich auch einen Widerstand, der einen *anderen* Aussagewert hat, der signalisiert, dass wir mit unserem Helfen auf dem falschen Weg sind, dass wir eine falsche Diagnose gestellt, dass wir das Gefüge der Schwierigkeiten falsch eingeschätzt haben, dass wir nicht genau genug informiert sind. Es kann auch sein, dass der Helfer trotz aller Bereitschaft zur Achtung eine Antipathie gegen den Betreuten nicht in den Griff bekommt, dass er ihn in der Stimme, in der Gestik, in seinen Gesichtszügen so sehr an eine Person erinnert, durch die er selbst in seinem Leben Missliches erfuhr, dass die Haltung der Empathie nicht zum Tragen kommen kann. Und auch dies gibt es: bei aller Bereitschaft zur Geduld ein dem Helfer objektiv so unerträgliches Verhalten, dass er überfordert ist. Es gibt die Grenzen der eigenen Möglichkeiten.

Ich habe einmal einen jugendlichen Rückfalltäter betreut, der sich hinter meinem Rücken damit Geld verdiente, dass er an Kumpel aus der »Unterwelt« Informationen über die Örtlichkeiten unseres Hauses weitergab, so dass wir plötzlich mit einer Kette von Gaunereien bis zum Überfall auf die die Tür öffnende Helferin überrascht wurden. In solchen Fällen kommt man um eine grundsätzliche Revision der Tätigkeit, um eine Grenzziehung in der

Hilfsbereitschaft zum Schutz der eigenen Angehörigen nicht herum.

Aber in den Fällen, in denen der Widerstand nicht bewirkt, dass der Hilfesuchende das in ihn gesetzte Vertrauen missbraucht oder den Verabredungen fernbleibt, sondern lediglich aus undurchsichtigen Gründen stagniert, ist es außerordentlich hilfreich, den Sachverhalt einem Helfer vom Fach vortragen zu können. Balintgruppen z. B. können hier gute Dienste leisten, aber auch Kollegenfreunde oder Supervisoren können einander in solchen Fällen hilfreich voranhelfen. Vier Augen sehen mehr als zwei, zwei Gehirne kommen im artikulierten Nachdenken häufiger zur Aufdeckung des Kardinalfehlers oder zu einer bisher nicht bedachten Quelle der Schwierigkeiten.

Aber selbst wenn der Widerstand Monate anhält, sollte ein Betreuer nicht ohne Not dem Hilfsbedürftigen den Dienst aufkündigen. Ein solcher Vorgang braucht eben zentnerweise Geduld, und das Abschieben von einer Person zur anderen, von einer Institution zur nächsten ist vielleicht gerade die Hauptursache der noch immer nicht ausgeheilten Seelenverletzung aus der Kindheit, an der sich die Lebensschwäche ausgebildet hat. Vielleicht gehört der Widerstand sogar in die Kategorie der selbstschädigenden Quälereien, die sich und der Welt beweisen wollen, dass die eigene Verzweiflung über die Treulosigkeit der Menschen berechtigt ist.

Das Abschieben im Widerstand trotz des Zutrauens des Betreuten zum Helfer sollte auch dann nicht erfolgen, wenn sich herausstellt, dass der Hilfesuchende den Helfer in einer eigenen noch nicht hinreichend bearbeiteten Problematik unentwegt trifft und überempfindlich werden lässt. Der Betreuer sollte dann lieber selbst Hilfe in Anspruch nehmen und das Verhalten dieses Menschen gewissermaßen als sinnvollen Stachel verstehen, um mit der eigenen Problematik zu Rande zu kommen.

Es ist auch kein Grund, das Handtuch zu werfen, wenn der Betreute sich in seine neue Bezugsperson verliebt. Im Gegenteil: Alte Liebesbedürfnisse lassen sich dann häufig prächtig auffüllen. Freilich, wer sich vom Hilfesuchenden verführen lässt, mit ihm eine Intimbeziehung einzugehen, überschreitet damit die Grenzen seines Auftrags und setzt damit unweigerlich der Behandlung ein Ende. Dergleichen Versuche freudianischer Nachfahren sind regelmäßig gescheitert. Es gibt keine fachgerecht zu Ende geführte Betreuung ohne eine unumgänglich eingehaltene Distanz.

Andererseits ist es ganz selbstverständlich, dass man dem Wunsch nach Betreuungsabbruch oder nach dem Überwechseln zu einem anderen Helfer nachgibt. Es passt nun einmal nicht jeder Deckel auf jeden Topf! Es muss auch dem Betreuten zugebilligt werden, das zu erkennen, und wir sollten ihm vielleicht sogar mit einer Adresse oder Empfehlung behilflich sein.

Es ist auch manchmal nötig, mit dem Hilfsbedürftigen einen weiten Umweg zu gehen, etwa über einen eingeschobenen Klinikaufenthalt, der die Behandlung intensiviert oder durch den dortigen Helfer bestätigt, dass der Ansatz richtig war. Kehrt der Hilfesuchende nach Versuchen mit anderen Beratern reumütig zurück, so sollte der Helfer aber auch nicht den Gekränkten spielen und ihm nicht die Tür vor der Nase zuschlagen. In einer solchen Zweitphase ist der Widerstand häufig dann wie weggeblasen.

Auf eins sollte man sich nie einlassen: dass der Betreute zwei Helfer gleichzeitig in Anspruch nimmt. Das erzeugt ähnliche Kreidekreissituationen wie bei Scheidungswaisen, die zwischen getrennt lebenden Eltern hin- und herpendeln. Da wird ausgespielt und aufgehetzt, da wird intrigiert und verstört. Wenn der Betreute diese Situation heimlich herbeigeführt hat und zu verschweigen sucht, kann das bald zu einem massiven Widerstand führen, weil er die Zerreißprobe nicht aushält. Die Notwendigkeit, sich zu entscheiden, muss dem Hilfesuchenden als unumgängliche Maßnahme für ihn selbst deutlich gemacht werden.

Z

Zweisamkeit schenken

Ich habe in diesem kleinen Alphabet unter den verschiedensten Aspekten bereits so viel über den Charakter der Beziehung zwischen dem Helfer und dem Hilfsbedürftigen gesprochen, dass man fast den Eindruck haben könnte, dass es sich erübrigte, über die Zweisamkeit noch einen eigenen Abschnitt anzusetzen; aber ich bin davon überzeugt, dass eben gerade die Zweisamkeit eine so zentrale, so überaus wichtige Lebensnotwendigkeit ist, dass ein solches Alphabet damit beginnen und damit enden sollte.

Zu wenig Zweisamkeit, eine unzulässige Minderung dieser Unumgänglichkeit bietet unser modernes Leben dem Menschen ohnehin. Dadurch wird er so verloren, dadurch wird er so kraftlos. Zweisamkeit ist nicht durch die Gruppe zu ersetzen; das ist auch die Gefahr in den Therapieformen unserer Zeit.

Gewiss, Gruppentherapie kann von Fall zu Fall außerordentlich sinnvoll sein. Ehepaargruppen, Elterngruppen, Gruppen mit Kindern und Jugendlichen können hilfreich sein, oft besonders zusätzlich gegen Ende erfolgreicher Bemühungen zu zweit. Aber es ist ein fundamentaler Irrtum zu meinen, dass die Gruppentherapie jegliche Einzelbetreuung ersetzen kann. Das ist ein ähnlicher Irrtum, als wenn man sich am Schreibtisch die ideale »Sozialisation« des Menschen ausdenkt und ihn zu diesem Zweck vom

Säuglingsalter ab in Krippen, Heimen für Krabbelkinder und Ganztagskindergärten Gruppen von Gleichaltrigen aussetzt. Es entsteht auf diese Weise kein Gemeinschaftsgeist, nicht auch nur ein Mindestmaß an Nächstenliebe. Es entsteht vielmehr auf diese Weise ein Kollektiv von seelisch kranken Einzelgängern, die sich gegenseitig bekämpfen und allein auf ihren Vorteil bedacht sind, Ichsüchtige mit einem verkümmerten Gewissen, eben weil man ihnen durch das Unterbinden von Zweisamkeit die Voraussetzungen zur Gemeinschaftsbildung — und das sind: Liebesfähigkeit, Dankbarkeit, Rücksichtnahme — vorenthielt.

Der Mensch ist kein Tier. Er braucht auf seinem Weg zur Reife die Schaffung immer neuer Intimräume, Schutzhüllen, in denen sich die nächste, neue Wachstumsstufe vorbereiten kann. Aber da er hilflos geboren und auf Freiheit hin angelegt ist, ist ihm der Betreuer zugeordnet, jener Nächste, der birgt und freilässt zugleich, der sich hinhält und dennoch nicht verschlingt, der gegen die Kälte der Welt dem Anderen den Mantel umwirft, ohne darunter die Lebenskraft zu ersticken. Deshalb ist das Wort Gottes aus 1. Mose 2 auch heute noch aktuellster Anruf an allen Helfergeist: »Es ist nicht gut, dass der Mensch allein sei!« Deshalb ist der Helferdienst für den einzelnen Menschen, der es ihm möglich macht, Treue, Verlässlichkeit, Berechtigung zu Vertrauen, Achtung und Respekt nachzuerleben, heute nötiger denn je.

Freilich, weder die Integration in die Gruppe noch die Verbundenheit zwischen zwei Einzelpersonen machen das Ziel des Lebens aus. Sie können, wenn sie einen pfleglichen Abstand einhalten, einander lediglich die unumgängliche Hilfe geben, um abgestützt allmählich die Schwächen der jungen Jahre zu überwinden. Ebenso wie die Erstgemeinschaft zwischen Eltern und Kindern muss Helferdienst darauf aus sein, in die Freiheit der Eigengestaltung, der selbstverantworteten, unabhängigen Lebensführung zu entlassen; denn erst in diesem Status kann sichtbar werden, wofür Zweisamkeit als Vorbereitung diente: zur Vereinigung des gestalteten Menschen mit Gott.

Aber jenseits aller Stadien der Klammerungen, auch des Hilfesuchenden an den Helfer, kann es neue Gemeinschaft geben, eine Gemeinschaft, die seelische Kraft nicht mehr aus dem begleitenden Gefährten bezieht, sondern aus dem zentralen Bezug beider — aus Gott. Jenseits aller Therapie kann es in diesem Status Freundschaft geben, die übersteigerte Nähe ebenso entbehren kann wie exklusive Intimität. Die Lichtquelle in der Höhe schafft einen Kegel kraftvoller Geborgenheit, in der die Person gemeinsam mit Gleichgeliebten in Freiheit und Verbundenheit zu leben vermag.

Fremdwörterregister

Abort, Fehlgeburt
Absolutum, Letztgültiges, Unbedingtes
Abwehrmechanismus, automatische Abwehr von bedrohlich erscheinenden Gedanken und Empfindungen
ad acta, zu den Akten
Adept, der um Wissen Bemühte
agieren, handeln, tätig sein
Akteur, der Handelnde
akzeptieren, annehmen
Akzent, Betonung
Ambulanz, Sprechstundenbehandlung
analoges Denken, Denken, das sich an Entsprechungen, Ähnlichkeiten und Übereinstimmungen ausrichtet
Analyse, Zergliederung
Analytiker, hier: Psychoanalytiker, Psychotherapeut, der nach der tiefenpsychologischen Lehre von Freud, Jung oder Adler behandelt
Anonymisierung, Beraubung des Persönlichen
Arrangement, Einrichtung, Planung
artikulieren, verdeutlichen
arttypisch, der Art entsprechend
Aspekt, Blickwinkel
atheistisch, Lebensanschauung ohne Gott
Aura, Ausstrahlung
ausagieren, eingebahnte Muster ausleben

autogenes Training, Entspannungsverfahren nach J. H. Schultz

Balintgruppen, Gesprächsgruppen von Angehörigen sozialer Berufe zum Zweck der Selbstkritik, Selbstkontrolle und gegenseitiger Hilfe
Behaviourismus, amerikanische sozialpsycholgische Forschungsrichtung
Bourgeoisie, Bürgertum
Branche, Berufszweig

chronifizieren, chronisch machen, dauerhaft, langwierig machen
Crux, Kreuz

Dealer, Rauschgifthändler
Defizit, Mangel
degradieren, herabsetzen
dekorativ, ausschmückend
Delinquent, straffällig Gewordener
Depression, Niedergeschlagenheit
deprimiert, niedergedrückt
Devise, Sinnspruch
Diagnose, Untersuchungsergebnis
Diagnostiker, Untersucher
diffamieren, den Ruf schädigen, verleumden
Diktator, unbeschränkter Machthaber
direktiv, leitend

Dirigismus, Haltung, die mit Befehlen leitet
Diskrepanz, Missverhältnis

eklatant, auffallend
emotional, gefühlsmäßig
Empathie, Bereitschaft und Fähigkeit, sich in das Denken und Empfinden anderer einzufühlen
Epilepsie, Fallsucht
eruieren, ergründen
eruptiv, ausbrechend
Eskalation, Steigerung
Ethik, Lehre von den allgemein verbindlichen Werten
Ethos, Haltung, die sich an sittlichen Werten orientiert
Experte, Fachmann
Exekutive, Ausführung durch ein vollziehendes Organ
existentiell, die Grundbedürfnisse des Daseins betreffend
Exploration, durch Fragen erforschendes Gespräch
exklusiv, ausschließlich
exzessiv, übermäßig

Fäkalien, Ausscheidungen
Familientherapie, Psychotherapie, bei der die Familienmitglieder gemeinsam einbestellt werden
fanatisiert, überstark auf eine Idee versessen
Farce, oberflächliche, alberne Posse
Fixierung, Festlegung
Freudianer, Psychoanalytiker, die nach der Lehre von Sigmund Freud therapieren
frustran, enttäuschend

funktionell, der Funktion entsprechend
funktionelle Integrationstherapie, spezielle Form der Psychotherapie

Gesprächstherapie, spezielle Form der Psychotherapie
Gestik, Gebärdensprache
Gleichheitsideologie, Lehre, die behauptet, dass alle Menschen von Natur aus gleich seien
Gruppendynamik, spezielle Form der Psychotherapie
Gurnemanz, Begleiter des Parzival in der gleichnamigen Sage, der ihm bei der Suche nach der Wahrheit zur Seite steht
Hackordnung, durch Hacken und Wegbeißen hervorgerufenes rangmäßiges Ordnungsgefüge bei Tiergruppen gleicher Art
Helfersyndrom (neurotisches), eine hilfsbereite Haltung, die eigentlich das eigene Defizit an Zuwendung zu befriedigen sucht
hierarchisch, in eine Rangordnung gegliedert
homosexuell, gleichgeschlechtlich liebend
Humanwissenschaft, Wissenschaft vom Menschen
Hypnose, spezielles psychotherapeutisches Verfahren

Ich-Ideal, die höchsten Wunschvorstellungen über eigene Eigenschaften

Identifikation, Gleichstellung mit
   einem anderen
Ideologie, Wunschvorstellung,
   deren Kern nicht in Frage
   gestellt wird, die der Wirklichkeit nicht standhält.
Illusion, Wunschtraum
immunisieren, unempfänglich
   machen
Impetus, Handlungskraft,
   Schwung
individuell, persönlich
Initialtraum, der erste Traum in
   einer Behandlung
Initiative, Antrieb
Inquisition, quälerische
   Befragung
Instanz, für eine Aufgabe
   zuständige Einrichtung
instinktiv, Reaktionsformen entsprechend, die durch das
   Stammhirn gesteuert
   werden; auch: gefühlsmäßig,
   unwillkürlich
integriert, eingeordnet
Institutionalisierung, Abwicklung
   von Aufgaben durch orga-
   nisierte Einrichtungen
institutionell, durch besondere
   Einrichtungen geordnet
internalisiertes Über-Ich, nach
   innen gewandte Erfahrung
   mit Ordnungsinstanzen der
   Kindheit
internistisch, der inneren Medizin
   zugeordnet
Intimität, ausschließende Vertrautheit
intrigieren, gegeneinander aus-
   spielen, ränkevoll handeln
intuitiv, unmittelbar
Inzestwunsch, der Wunsch, mit
   einem Blutsverwandten
   sexuelle Beziehungen zu
   haben
irreal, der Wirklichkeit nicht entsprechend
irreversibel, nicht umkehrbar

Jungianer, Psychoanalytiker,
   die nach der Lehre von
   C. G. Jung behandeln

Kardinalfehler, Hauptfehler
Kaste, eine spezielle Schicht der
   Gesellschaft
Katalysator, ein Verwandlung
   anregender, sich selbst nicht
   verändernder Stoff
katathymes Bilderleben, spezielles
   psychotherapeutisches Heilverfahren
Kategorie, Ordnungsbegriff
kategorischer Imperativ, von
   I. Kant eingeführte Grundforderung: »Handle so, dass
   die Maxime deines Willens
   jederzeit zugleich als Prinzip
   einer allgemeinen
   Gesetzgebung gelten
   kann.«
Kausalität, Verknüpfung von
   Ursache und Wirkung
Klausur, abgeschlossene Zelle
Klingelapparat, Apparat, der das
   Kind weckt, wenn es ein-
   zunässen beginnt
Kollektivismus, Ansicht, die den
   unbedingten Vorrang des
   gesellschaftlichen Ganzen
   vor dem Einzelnen betont
   und diesem jedes Eigenrecht
   abspricht
kommentarlos, ohne Erläuterung

Kompetenz, kompetent, fachliche Fähigkeit, Zuständigkeit
konstruktiv, aufbauend
Kontext, Begleittext, Zusammenhang
Konzept, Plan
Konvention, Übereinkunft

Labyrinth, Irrgarten
Lehranalyse, Psychoanalyse, der sich die Ausbildungskandidaten in diesem Fachbereich zu unterziehen haben
Lethargie, Schläfrigkeit, Trägheit, Teilnahmslosigkeit

magisch, durch übernatürliche Kräfte wirkend
Magnetismus, Anziehungskraft
Massenmanipulation, Massenbeeinflussung
masturbieren, sich sexuell selbstbefriedigen
Mentalität, Denkungsart
Metapher, Redewendung
Metier, Beruf
Mimik, Gesichtsausdruck
minuziös, genau
monoman, einseitig von einer Idee besessen
mosaisches Klopfen, hier: quellenhaftes Sprudeln nach einem Anstoß — wie Mose durch Klopfen auf den Felsen Wasser daraus hervorsprudeln ließ
Mutismus, krankhafte Schweigsamkeit
mystisch, geheimnisvoll, dunkel

Nabelkoliken, krampfartige Bauchschmerzen
narzisstisch, in sich selbst verliebt
Neurologe, Facharzt für organische Nervenkrankheiten
Neurose, durch Hemmungen von Antrieben in der frühen Kindheit entstandene seelische Erkrankung
Nonchalance, Lässigkeit
nicht-direktiv, nicht steuernd
Nonsens, Unsinn

objektiv, sachlich
obligatorisch, verpflichtend
oral, durch den Mund, mündlich
orthodox, der Lehrmeinung verhaftet

Pars-pro-toto-Manier, Denkweise, die von einem Teilbereich auf das Ganze schließt
partiell, teilweise
Parzival, altdeutsche Sagengestalt eines Wahrheitssuchers
pathologisch, krankhaft
Personalität, die Persönlichkeit, das Wesen einer Person ausmachende Eigenschaften
Perfektionismus, Vollkommenheitsanspruch
Perversion, Abartigkeit
pervertieren, verdrehen, verfälschen
Phase, Abschnitt
Phallussymbol, bildhaftes Zeichen für das männliche Glied
Phobie, Furcht, die nur scheinbar einem bestimmten Gegenstand zuzuordnen ist, die mit krankhafter Angst belegt ist

positivistisch, Positivismus, Geistesrichtung, die lediglich das Beweisbare im mathematisch-physikalischen Sinn als wissenschaftlich anerkennt

Postulat, Grundforderung

Praxisbrevier, Buch mit Grundregeln für die Praxis

Prestige, Ansehen

Primärtherapie, spezielles Heilverfahren der Psychotherapie

professionell, berufsmäßig

profund, tief, gründlich

Projektionsmechanismus, einem anderen unbewusstautomatisch die eigenen Schwächen zuschreiben

Pseudokrupp, Erkrankung der Atmungsorgane

Psychiatrie, Lehre von den Geisteskrankheiten

Psychist, ein übertrieben allein Seelisches in den Vordergrund Stellender

Psychoanalyse, tiefenpsychologisches Heilverfahren

Psychoanalytiker, tiefenpsychologische Heilverfahren anwendende Fachärzte

Psychodiagnostik, Verfahren zur Beurteilung der seelischen Verfassung eines Menschen

Psychodrama, spezielles psychotherapeutisches Verfahren

Psychogramm, Charakterbild

Psychopathologie, Lehre von den seelischen Erkrankungen

Psychosomatiker, Facharzt für körperliche Krankheiten, die seelische Ursachen haben

Psychotherapie, Verfahren zur Heilung seelischer Leiden

reaktive Depression, durch äußere Ereignisse ausgelöste Verstimmung

Räuspertick, zwangartiges, unwillentliches Räuspern

reduzierbar, einschränkbar

Reglement, nach Regeln festgesetzte Ordnung

relevant, bedeutsam

Repertoire, Verfügbares

Repression, Unterdrückung

revidieren, rückgängig machen

Revisionsbereitschaft, Bereitschaft zur Änderung der Einstellung

Ritual, heilige Handlung

Reserviertheit, Zurückgezogenheit

Routinier, ein durch viel Übung automatisiert Handelnder

Scharlatanerie, schwindelhafte Quacksalberei

Schatten, (nach C. G. Jung) unangenommener, von der Person nicht anerkannter (dunkler) Teil in der Seele des Menschen

Schnüffeltick, zwanghaftes, unwillkürliches Schnüffeln

Sektor, Teilabschnitt

Selbstsymbol, bei C. G. Jung bildhafte Darstellung für den zentralen Bereich der menschlichen Seele

Signalsystem, zeichengebende Anlage

skurril, merkwürdig

Sozialindikatoren, Anzeiger für soziales Verhalten

sozialisieren, in die Gemeinschaft einordnen, gemeinschaftsfähig machen
Stagnation, Verharren
stagnieren, verharren
stimulierbar, anregbar
subjektiv, auf die eigene Person bezogen, von der eigenen Person aus urteilend
Supervisor, Überwacher
Symbiose, aufeinander angewiesenes Zusammenleben
Symbolkunde, Lehre von der Bildersprache
Symptom, Anzeichen
Symptomatik, Summe der Anzeichen

themenzentrierte Interaktion, psychotherapeutisches Heilverfahren
Therapieresistenz, Unverbesserbarkeit, Erfolglosigkeit der zur Heilung angewandten Verfahren
Tiefenpsychologie, Lehre von den psychoanalytischen Erfahrungen und Vorstellungen
Tirade, Wortschwall
Totalität, Ganzheit
Tribunal, Gericht
trivial, gewöhnlich

Typisierung, Einteilung nach Typen

überdimensional, übermäßig
Über-Ich, Begriff aus der Lehre S. Freuds: nach innen gewandte, von den Bezugspersonen übernommene Ordnungsinstanz
umfunktionieren, eine andere Aufgabe zuweisen

Variation, Abänderung, abgewandelte Form
Verabsolutierung, einen Teilbereich absolut setzen
verbal, in Worten ausdrückend
Verhaltensschablone, immer gleiche, starre Verhaltensformen
Verhaltenstherapie, spezielles psychotherapeutisches Heilverfahren
versiert, geübt, erfahren
Via regia, der königliche Weg
vital, lebenskräftig
Vulgärantwort, übliche Antwort

Zölibat, Ehelosigkeit
Zwangsonanie, zwanghafte Selbstbefriedigung

Stichwortregister

Anmerkung

[1] Ich empfehle gern für solche Fälle das Buch *Grundformen der Angst* von Fritz Riemann (Ernst Reinhardt Verlag, München). Ich selbst habe in meinen Büchern viel Ergänzendes hinzugetragen, so z. B. *Mut zum Erziehen, Manipulierte Maßlosigkeit, Wunschtraum und Wirklichkeit* (Christiana Verlag), *Werden wir ein Volk von Neurotikern?* (Fromm Verlag), *Wer passt zu mir?* (Verlag Weißes Kreuz), *Erziehen lernen* (Resch Verlag).

hänssler

Weitere Titel von Christa Meves:

Ich will mich ändern
Liebesbriefe an meinen Ehemann

Ausgelöst durch einen Herzinfarkt kommt jahrelang Unausgesprochenes zur Sprache. Verfolgen Sie anhand der Briefe, wie zwei Menschen nach vielen Jahren Ehe durch eine Krise hindurch zu einer neuen vertiefenden Partnerschaft finden.

Tb., 128 S., Nr. 392.844, ISBN 37751-2844-1

Ohne Liebe geht es nicht
Mütterprobleme ernst genommen

Sind Sie als Mutter oft am Rande der Überforderung? Machen Ihre Kinder einfach, was Sie wollen? Praktisch und liebevoll gibt die erfahrene Psychologin Ermutigung und konkreten Rat.

Tb., 136 S., Nr. 392.809, ISBN 3-7751-2809-3

Kraft aus der du leben kannst
Geburtstagsbriefe für Heranwachsende

Wie Sie junge Menschen, die Ihnen am Herzen liegen, in guter Weise auf dem Weg ins Erwachsenwerden begleiten können. Unterhaltsam aufbereitet in persönlichen Briefen an einen Jungen und ein Mädchen.

Tb., 176 S., Nr. 392.982, ISBN 3-7751-2982-0

Bitte fragen Sie in Ihrer Buchhandlung nach diesen Büchern! Oder schreiben Sie an den Hänssler-Verlag, Postfach 12 20, D-73762 Neuhausen.

Leseprobe aus: Meves, Ich will mich ändern

Birkshausen, 2. April

Lieber Urs!

Als mir nach deinem Bericht heute erstmals ungeschminkt und in aller Schärfe bewusst wurde, mit welch knapper Not wir dem Tod entronnen sind, befiel mich eine Schwäche in den Knien, und ich musste mich erst einmal setzen. Es war mir, als würde mir für einen Moment der Boden unter den Füßen entzogen. Ja, ich schreibe »wir«, um dir *meine* Wahrheit deutlich zu machen, obgleich ich gesund bin und allein *du* der so schwer Erkrankte bist. Aber mir wurde eben erst mit staunendem Entsetzen deutlich: *Mein* seelischer und geistiger Tod wäre es dennoch gewesen, wenn du plötzlich am Infarkt gestorben wärst! Ich muss das nun alles erst verarbeiten und sehe, dass uns etwas getroffen hat, auf das sich keiner von uns beiden vorbereitet hatte und wohl auch nicht vorbereiten wollte: Den Tod haben wir aus unserem gemeinsamen Leben verdrängt — er trat nicht an uns heran, wir waren gesund und hatten in unserem Alltag genug zu tun.

Oder irre ich mich? Hast du dich, lieber Urs, vielleicht in der Stille mit deinem Tod längst auseinandergesetzt? Auf jeden Fall, so nehme ich aber nach deinem letzten Brief an, gewiss jetzt, in dem Bett deines stillen Einzelzimmers, nachdem die Ärzte dich mit einem Seufzer der Erleichterung von all den Schnüren der Intensivstation entbunden hatten. *Ich* tat es erst heute. In den vergangenen Wochen saß ich in einer gelähmten, geschockten Gespanntheit; aber du selbst machtest immer ein so unbeschwertes Gesicht, die Ärzte redeten so leichthin von »Abläufen«, die bereits vorüber seien, so dass mir die ungeschminkte Wahrheit gar nicht ins Bewusstsein geriet. Erst dein Brief heute entriss mich dem Nebel der Verdrängung. Das liegt aber vor allem auch an dem ganz veränderten Ton deines Briefes. Er enthält einen neuen Ernst. Was ist das für ein Urs, der mir da schreibt? Ein neuer Urs, der gleiche Mann, mit dem ich seit vierundzwanzig Jahren verheiratet bin — ein neuer Mann? *So* direkt hast du noch nie zu mir gesprochen. Was ist das für eine ungeschminkte Wahrheit, für eine unumwundene Frage: »Fast wärst du eine vierundvierzigjährige Witwe gewesen, Susanna — fast; und im Übrigen: *Ein* Herzinfarkt kommt selten allein. Bist du darauf eingestellt?«

Ich habe mich hingesetzt. Nein, ich bin nicht darauf eingestellt. Ich habe mich bis eben zwar enorm emanzipiert gefühlt mit meinem geliebten Beruf — aber dass du an meiner Seite bist, das war mir selbstverständlich. Es war immer so, es war schon so, bevor ich angefangen hatte zu denken. Du hast mich eben noch als halbes Kind in die Ehe geholt. Witwe sein? Nein! Seit eben weiß ich, dass das Nicht-Sein hieße. Ohne dich sein wäre einfach unmöglich, kein Sein, Tot-Sein.

Um Himmels willen, Urs, ich vergehe vor Angst, kaum dass ich den Gedanken, Witwe zu sein, denke — aber wie erträgst du in deinem einsamen Bett den so unverhüllt ausgesprochenen Gedanken, nicht nur fast gestorben zu sein, sondern vielleicht nicht mehr lange zu leben? Warum stellst du diese Fragen? Haben die Ärzte dir diese schwarzen Gedanken angetragen? Machen sie dir vielleicht Angst? Redet irgendwer von ungünstigen Befunden? Oder bist du vielleicht nur ein wenig verzagt, wie es sich für einen Genesenden gehört, der aus der Todeszone heraus ist? Aber so klingt dein Brief nicht. Herbst ist nicht darin, er riecht eher frühlingshaft-frisch, stark, so als fordertest du mich heraus. Wozu?

Schlimm, dass ich hier so viele Verpflichtungen habe und das Krankenhaus uns selbst das Telefonieren versagt! Aber vielleicht ist es auch besser, wenn ich dir schreiben kann. Was du auch von mir erwartest, bitte sprich es aus — ich bin da, ich gehe mit dir; ich hoffe ohnehin, dass die Ärzte dich nach den langen Wochen bald entlassen und dich meiner Pflege übergeben werden. Wir werden uns viel Zeit nehmen. Wir werden viel zusammen sein. Diese Krankheit soll gewiss, das spüre ich aus deinem Brief, nicht unverarbeitet an uns vorübergehen.

Deine Susanna

Birkshausen, 5. April

Lieber Urs!

Sie entlassen dich nicht — ich hatte es geahnt, ja, sie verlegen dich aus dem immerhin noch erreichbaren Kreiskrankenhaus in ein fernes Rehabilitationszentrum. Briefe schreiben wird noch über Wochen unser Los sein. Wir müssen uns wohl fügen, ich sehe das ein; schließlich versprachen die Ärzte mir wiederholt, dich ganz gesund zu machen. Können sie das wirklich? Du schreibst in deinem Brief, nur *ich* könnte das, ich ganz allein. Ich erschrak. Was meinst du damit? Ich bin eine Physiotherapeutin in freier Praxis; gewiss, ich habe den Eindruck, dass ich manchen Patienten weit über ihre körperlichen Probleme hinaus behilflich gewesen bin. Schließlich habe ich in meinem Beruf auch schon viel Gelegenheit gehabt, über den »Infarkttyp« nachzudenken (und ich habe in den letzten Jahren heimlich und gleich wieder wegdenkend gedacht, dass auch du zu diesem »Typ«

gehörst), aber du musst mir bitte noch genauer erklären, *was* du eigentlich von mir erwartest. Ich muss dir zugeben, dass ich das Ganze als ziemlich unheimlich erlebe. Du bist wirklich auf einmal sehr anders. Du erschreckst mich, wenn du schreibst, dass du den Tod *siehst*, dass du erlebst, wie er neben dir geht. Du erschreckst mich, wenn du schreibst, dass du ihm zwar mit einer ähnlichen Gelassenheit begegnest wie einst im Krieg als junger Soldat, dass du aber gleichzeitig doch Grauen empfändest, Grauen vor der Endgültigkeit, Grauen vor einem Weggehenmüssen von uns — vielleicht schon bald.

Ich habe den Chefarzt noch einmal um eine Audienz gebeten. Er sagte: Wenn du es schafftest, dein Leben zu ändern, wenn du es schafftest, Stress zu vermeiden, dann könntest du noch alt werden wie Methusalem.

Ich bin dir ganz nah; es ängstigt mich und erfüllt mich gleichzeitig mit Bewunderung, wie schonungslos bewusst du den Tod erlebst. Ich will alle Handreichungen tun, die du von mir erbittest, wenn du meinst, du könntest nur durch mich gesund werden. Schließlich bin ich deine Hälfte, zumindest laut Bibel, eine deiner Rippen. Alles will ich tun — mit heiligem Eifer, wenn du nur gesund wirst — und letztlich ist das purer Egoismus: Urs, das heißt Bär; ein so großes Tier mag mit einer Rippe weniger existieren können, aber die Rippe allein — das erfahre ich in diesen Wochen täglich — ist ein herausgerissenes Stück Körper, ist ein verlorenes Teilstück.

Aber ich spüre, in der Tiefe beunruhigt und von dir gefordert, dass du mit deinem Wort, dir zu helfen, gesund zu werden, viel mehr meinst als meine Pflege, meine Schonung, meine Zärtlichkeit. Was meinst du, Urs, bitte? Versuche mich einzuweisen in meine Aufgabe an dir, sag es so deutlich wie möglich. Ich habe in den Wochen einsamer Abende noch viel Zeit, mich auf meinen Auftrag vorzubereiten. Aber selbst wenn es sich darum handelt, dass die Königstochter aus Stroh Gold spinnen soll, wie im Märchen vom Rumpelstilzchen, sage ich jetzt schon ja, ja und dreimal ja; denn »wie du willst, so find'st du mich«. Ich liebe dich sehr, du mein großer Bär dort an dem fernen Abgrund. Letztendlich wird er dich ohnehin nicht hinrichten können, der Tod, denn die Liebe ist stärker als er. Nur, bitte schreib, was du von mir erwartest!

Deine Susanna